はじめての人でもこれで安心！

一番トクする住宅ローンがわかる本

'23〜'24年版

人気ファイナンシャルプランナーが徹底解説！

わかりやすさ NO.1

成美堂出版

住宅ローンに詳しくなろう!

● 住宅ローンの基本を知りたい

- はじめて住宅ローンを借りるなら、住宅ローンの全体像をとらえることが大切です。金利、諸費用、返済方法の3つのポイントや審査についての概要を知りましょう。
- 住宅ローンの二大横綱的存在の「民間ローン」、「フラット35」と、唯一の公的ローンともいうべき「財形住宅融資」の3つのローンの特徴を知って、上手に選びましょう。

詳しく知りたいなら 第1章・第3章・第4章・第5章

● 固定で借りるか変動で借りるか迷っている

- 安心感が魅力の固定金利型と、目先の割安感を優先した変動金利型。どちらの金利タイプを選ぶか多くの人が迷います。それぞれのしくみ、メリット、デメリットを把握しましょう。
- 家族構成や収入などによって、固定金利がおすすめの家庭、変動金利がおすすめの家庭の特徴があります。

詳しく知りたいなら 第2章・第3章・第7章

● 自分に合った住宅ローンを選びたい

- 本当に有利な住宅ローンを選ぶには、目先の金利だけでなく、諸費用も含めた総返済額を検討する必要があります。
- 金利1％、返済期間1年、借入金額100万円のわずかな違いが、総返済額に大きく影響します。自分にぴったりで、少しでも有利な返済プランを立てるためには、金利タイプや返済期間、借入金額などさまざまな方向から考えることが必要です。
- 最適な住宅ローンを選ぶためには、ライフプランとの相性が大切。住宅ローン選びとライフプランは切っても切れない関係なのです。

> **詳しく知りたいなら** 第4章・第6章・第7章

● 住宅ローンを借りた後のことが心配

- マイホーム購入後にかかるお金を把握しておくことで、無理のない返済計画が立てやすくなります。
- 繰り上げ返済や返済条件の変更など、返済方法を工夫して、上手に住宅ローンと付き合いましょう。
- 住宅ローン返済中のもしものトラブルについても知っておきましょう。
- 住宅ローン金利の変化に備えて、繰り上げ返済や借り換えを検討しましょう。

> **詳しく知りたいなら** 第8章・第9章

本書を読めば住宅ローンの疑問が
すべて解決します！

巻頭特集 ①

住宅ローンには
どんな種類がある?

購入予定のマンションの提携ローンをすすめられているのですが、住宅ローンにはどんなものがあるのですか?

一般的に利用しやすい住宅ローンといえば、民間ローン、フラット35、財形住宅融資の3つです

利用しやすい3つの住宅ローン

　マイホームを購入するときに、すすめられるまま訳もわからず提携先の住宅ローンに決めてしまう人がいます。しかし、紹介を受けたローンが必ずしも条件的に優れているとは限りません。住宅ローンにはどんな種類があるか把握し、自分にとって少しでも有利で返済しやすいものを選びたいものです。

　今借りられる住宅ローンには、銀行など民間の金融機関が独自に取り扱う「民間ローン」(128ページ)、民間の金融機関と住宅金融支援機構が手を結んだ「フラット35」(112ページ)、財形貯蓄の残高がある人が利用できる「財形住宅融資」(132ページ)の大きく3種類があります。

借入先の種類はいろいろ

==民間ローンは、銀行などの金融機関が直接お金を融資するものです==。金利はもちろん、諸費用や返済方法の面で、各金融機関オリジナルのサービスを競い合っています。

フラット35も民間ローン同様、民間の金融機関を窓口にして申し込みます。しかし民間ローンはその金融機関が直接融資するのに対し、==フラット35は主に民間金融機関が貸し出した住宅ローン債権を住宅金融支援機構が買い取って証券化するしくみ==で成り立っています。

財形住宅融資は、勤務先の財形貯蓄を1年以上行っていて、貯蓄残高が50万円以上ある人が、貯蓄残高の10倍、最高4,000万円まで借りることができます。数少ない公的ローンの代表的存在です。

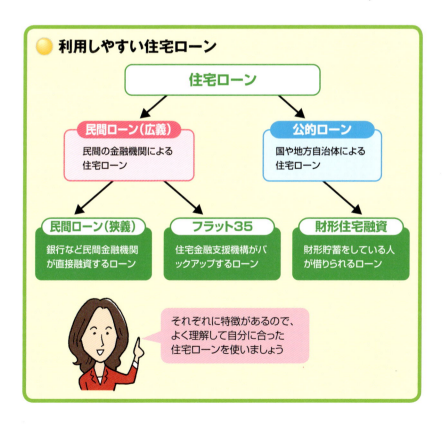

巻頭特集 ② 史上最低水準が続く住宅ローン金利に上昇の兆し

長期固定金利が1％台で借りられる時代に

　2016年1月に日銀によって導入されたマイナス金利政策は住宅ローン市場にも大きなインパクトを与えました。長期金利は急激に下がり、一時マイナス圏に突入するという異常事態となったのです。

　これに伴って、住宅ローン金利も史上最低の水準を記録しました。2023年5月現在、35年全期間固定住宅ローン、フラット35の金利は1.83％程度。省エネ性に優れた住宅の場合に利用できるフラット35Sなら、当初5年もしくは10年は、0.25％低く借りられます（フラット35S〈ＺＥＨ〉なら当初5年は0.5％引き下げ）。

　子育て世帯や地方移住者などを支援する【フラット35】地域連携型や、維持保全、維持管理に配慮した住宅に適用される【フラット35】維持保全型が併用できれば、さらに低く借りられ、長期固定の住宅ローンが1.5％程度の金利で借りられる状況になっているのです。

10年固定金利が6年ぶりに上昇

　記録的な低水準が続いてきた住宅ローン金利ですが、変化の兆しがありました。アメリカの金融政策が引き締めに転じ利上げが行われる中、日本の長期金利も上昇、2022年には大手銀行が取り扱う10年固定の住宅ローン金利が実に6年ぶりに引き上げられ、その後も緩やかに上昇しました。

　金利上昇は、現在住宅ローンを返済中の人にとっても影響の大きな話です。今のところ、変動金利は低い水準を保っていますが、今後金利の上昇が変動金利にも広がれば、毎月の返済額が上がってしまいます。変動金利で借りている人は毎月の返済額の上昇を抑えるために、金利がアップしたときに繰り上げ返済できるよう今まで以上に手元の貯蓄を増やしておく必要があるでしょう。場合によっては早めに固定

金利への切り替えを検討してもよいでしょう。いずれにしても、金利上昇リスクにどう備えるかあらかじめ考えておくことが必要です。

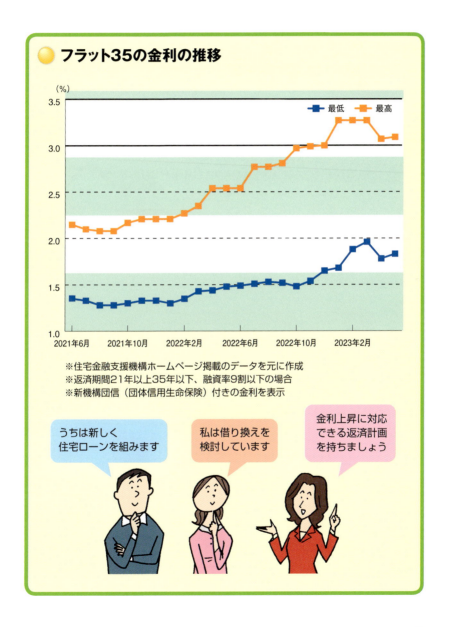

巻頭特集 ③ 2022年に住宅ローン減税が大幅改正

2022年の住宅ローン減税の主な変更点

❶ 控除率が年末の住宅ローン残高の0.7%に引き下げ

❷ 住宅の性能による上限額の変更

❸ 控除期間が13年に（中古住宅は10年）

❹ 住民税からの控除額が引き下げ

住宅ローン減税の控除率が0.7%に

　住宅ローン減税制度は、住宅ローンを借りて住宅を購入する人が年末の住宅ローン残高に応じて、所得税の控除を受けられる制度です。所得税だけでは戻せなかった部分は、住民税からも差し引くことができます。

　これまでたびたび内容が変更されてきましたが、2022年の改正で大幅な見直しとなりました。2021年の制度では、住宅購入から10年目までは年末の住宅ローン残高の1％が控除されていましたが、2022年の改正で控除率が0.7％に引き下げられました。背景には、昨今の低金利で住宅ローンを1％以下の金利で借りる人が多くなり、負担する利息より還付される税金が多くなる逆転現象がありました。このゆがみを是正すべく、控除率が見直されたのです。

　控除期間に関しては、新築住宅や業者が中古住宅を買い取ってリフォームし売り出す買取再販住宅の場合は13年が維持されたものの、中

8

古住宅は10年間の適用になりました（中古住宅の適用基準については104ページ参照）。住民税から控除される金額の上限額は年間9万7,500円（ただし前年課税所得の5％が上限）に引き下げられ、所得の要件についても1,000万円下がり年収2,000万円以下の人が対象となりました。

環境に配慮した住宅に手厚い内容

　住宅ローン控除には対象となる残高の上限金額があり、年末の住宅ローン残高が全額対象になるとは限りません。下の表のとおり2022年の改正では、対象となる上限額が住宅の性能によって段階的に決められたのも特徴で、環境に配慮した住宅ほど、手厚い控除が受けられるようになっています。新築住宅や買取再販住宅の場合、2023年では、長期優良住宅や低炭素住宅（12ページ参照）に該当すれば5,000万円が上限ですが、一定の省エネ基準を満たさなければ上限額は3,000万円となります（上限額は2024年以降、引き下げられる）。中古住宅に関しては2,000万円が上限ですが、こちらも環境に配慮した住宅の基準を満たせば1,000万円上乗せされ、3,000万円まで対象となります。住宅の性能ランクについては自分ではわかりにくいので、購入を検討する物件があれば販売業者に住宅ローン控除の上限額を確認するとよいでしょう。

住宅ローン控除の対象となる借入限度額

	住宅の性能	2022年・2023年	2024年・2025年
新築住宅 買取再販	長期優良住宅 低炭素住宅	5,000万円	4,500万円
	ZEH水準[※1]	4,500万円	3,500万円
	省エネ基準	4,000万円	3,000万円
	その他の住宅	3,000万円	0円[※2]
中古住宅	長期優良住宅 低炭素住宅 ZEH水準 省エネ基準	3,000万円	3,000万円
	その他の住宅	2,000万円	2,000万円

※1　13ページ参照
※2　2023年までに新築の建築確認を受けた住宅に24年・25年に入居する場合は2,000万円

巻頭特集 ④ 住宅取得資金の贈与税の非課税枠とは

住宅購入のために両親や祖父母から受けた贈与には非課税枠がある

 頭金を大幅にアップさせるチャンス

　両親や祖父母から、一定の要件を満たす住宅購入のために贈与を受けた場合に、一定額までなら非課税になるのが、住宅取得資金に係る贈与税の非課税措置です。将来的に相続税の納付が気になる家族にとっては、子世代にまとまった資産を譲れる便利な制度といえるでしょう。

　住宅贈与の特例は、両親だけでなく祖父母からの贈与にも使えます。贈与する側の年齢は問われませんが、受け取る側には、贈与を受けた年の1月1日時点で18歳以上、その年の合計所得金額が2,000万円以下であることなどの条件があります。また、原則として贈与を受けた年の翌年3月15日までに、住宅を取得して居住（遅くとも同年12月31日までに）する必要があります。

制度延長に伴い、適用要件が変更に

　10％への消費税増税の影響を緩和するためいったん大きく引き上げられた住宅取得資金贈与の特例の非課税枠は、その後段階的に下げられ、縮小される予定でした。しかし、新型コロナウイルス感染症拡大による経済の落ち込みを防ぎ、住宅購入を支援すべく再び拡大されました。

　2022年の税制改正により期間が2年延長され、2023年12月31日までの贈与が対象になります。これまでは、非課税の限度額が住宅購入の契約締結日によって段階的に設定されていましたが、今回の改正では契約締結日に関わらず、耐震性、省エネ性、バリアフリー性についての住宅の性能が一定の基準を満たせば1,000万円、それ以外は500万円までの贈与が非課税となりました。中古住宅については、新耐震基準に適合していれば対象となります（104ページ参照）。

　なお、2021年の税制改正で、適用される住宅の床面積に関する基準が50㎡以上から40㎡以上に緩和されています（投資目的の購入を除外するため、40㎡以上50㎡未満の場合は、合計所得金額1,000万円以下の人に限られます）。

　特例の利用を検討する人は、住宅の性能や引き渡しのタイミングなど、購入予定の物件が特例の対象になるか、またいくらまで非課税になるかなど、不動産業者にしっかりと確認することが必要です。

省エネ等住宅※	左記以外の場合
1,000万円	500万円

※良質な住宅用家屋（耐震、省エネ、バリアフリー）の基準を満たした住宅

巻頭特集⑤ 安全で、環境にやさしく さらにおトクな住宅づくり

「長期優良」と「低炭素」がキーワード

　環境にやさしく、長く安心して住める良質な住宅の建設を後押しすべく、一定の基準を満たす住宅には、現在、税制上のさまざまな優遇措置が設けられています。その二大キーワードとなっているのが「長期優良」と「低炭素」です。

　「長期優良住宅」は、2009年に運用が始まった制度で、築年数が経ってもよい状態で使用できるような対策が講じられた住宅として、耐震性や劣化対策など9つの項目で基準を満たした場合に認定されます。一方、「低炭素住宅」は文字どおり、CO_2排出をセーブすべく工夫をこらした住宅として、省エネ性能について、一定の基準をクリアした住宅を認定する制度で、2012年12月にスタートしました。

省エネ基準、ＺＥＨ水準の適合義務化

　世界的な環境問題への取り組み拡大の流れを受けて、日本でも脱炭素社会の実現に向けての法改正が進められています。その一環として、2025年度から、戸建てやマンションなどの新築住宅は一定の省エネ基準を満たすよう義務づけられています。省エネ基準には主に、屋根や外壁などの断熱性能に関する基準と冷暖房、照明、給湯器など住宅の中で消費される一次エネルギー量に関する基準の２つの項目があり、断熱性が高く一次エネルギーの消費量が少ない住宅の供給を増やすべく、基準が義務化されました。またＺＥＨ（ゼッチ）とは、「net Zero Energy House（ネット・ゼロ・エネルギー・ハウス）」の略称で、年間の一次エネルギー収支をゼロ以下にした住宅のことを指し、ＺＥＨ水準は省エネ基準より一段厳しいものになります。

　長期優良住宅をはじめ、こうした環境に配慮した住宅の建築費は一般の住宅に比べて割高にならざるを得ません。そこで、少しでもコストアップの負担を和らげるため、下記のような様々な優遇措置が設けられています。なお、一定の子育て世帯や若者夫婦世帯に向けて、一定の省エネ基準を満たす新築住宅の購入やリフォームに対して補助金を出す「こどもエコすまい支援事業」など、新しい取り組みも始まっています。

ニュータイプの団信が続々登場

団信が住宅ローン選びの新しい基準に

　住宅ローンを借りた人にもしものことがあっても、返済が滞ることがないよう、住宅ローンを契約するときには、原則、生命保険に加入します。これが団体信用生命保険（以下、団信）です（122ページ）。もしもの死亡に対して備えるシンプルなタイプのほかに保障内容を手厚くした疾病保障付や、連帯債務者である夫婦二人で加入して夫婦どちらかに万が一のことがあったらローンを返さなくてもよくなる夫婦連生タイプ、ローンの支払いを支援するタイプの保険など、**個性的な保障内容のものが数多く登場しています**。

　住宅ローン契約時に加入できる保険のバリエーションが広がった背景には、死亡のリスク以外にも、大病やケガによる就労不能で住宅ローンが支払えなくなるリスクに、金融機関が注目し始めたことがあります。また、金利の引き下げ競争に限界を感じた金融機関が、他行との差別化を図るために、ローン契約者にとって付加価値のある商品開発をし始めたといった事情もあるでしょう。

成人病にかかると支払いがなくなる住宅ローン

　日本人がかかりやすく、また、いったんかかると症状が重く、治療が長引きやすいと言われるのが、がん、心筋梗塞、脳卒中の三大疾病です。これらの病気になってあらかじめ定められた要件に該当した場合、ローンの残高がカバーされる団信が3大疾病保障付団信です。このタイプは以前から取り扱いがありましたが、八大疾病や十一大疾病による就業不能をカバーする団信、精神障害を除く全疾病を保障するタイプの団信など、さらに保障範囲を広げる傾向があります。こうしたタイプの団信は、大病を患って住宅ローンが支払えなくなるリスクに備えることができると人気が出ています。

がん保険付や家事代行サービス付も

　団信のほかにも、住宅ローンの契約者に対して、不測の事態が起きたときに住宅ローンの支払いをサポートしてくれる保険が登場しています。これを、住宅ローン支援保険と言います。ローンの契約者が病気やケガで就業不能になったときに、一定期間毎月返済額相当分の保険金が支払われるものや、会社都合で失業してしまった場合に、再就職先が見つかるまでの一定期間、住宅ローンの支払いをカバーしてもらえるタイプなどがあります。

　また、金融機関によっては、住宅ローンの契約者を対象に、がんと診断されたら数百万円の一時金がもらえる保険を提供するところもあります。さらに、一部の金融機関では、病児保育や家事代行などの付帯サービスを付加したり、地震や台風で自宅が大きな被害にあった場合に備えられたりする保険も登場しています。

==ローン契約者にとって、さまざまなもしもや困ったに備えられるのが、イマドキの住宅ローンにまつわるサービスなのです。==

● ニュータイプの団信の種類

種類	内容
8大疾病保障付団信	従来のがん・心筋梗塞・脳卒中に加えて、高血圧・糖尿病・肝硬変・慢性腎不全・慢性膵炎の重度慢性疾患にかかって就業できなくなった場合に、住宅ローンの残高がなくなる保険
夫婦連生団信	夫婦どちらかに万が一のことがあったらローンを返さなくて済む保険
介護保障団信	金融機関が定める公的介護保険制度の要介護認定に該当すれば、住宅ローン残高がなくなる保険

他にも新しいしくみの団信がどんどん生まれている!

※2017年10月から、フラット35は団信付になっている。

巻頭特集 ⑦ 住宅ローン準備チェックリスト

自分に合った住宅ローンを組むために、最低でも下記のことをしておきましょう。
検討が済んだら、左側の□にチェックをしていきましょう。

チェックリスト

- [ ] 毎月の家計のなかで、住居費にまわせる金額はいくらが適切か考えましたか？
- [ ] 固定資産税や管理費、修繕積立金など購入後にかかる住居費は調べましたか？
- [ ] ライフプラン表を作成しましたか？
- [ ] 子どもの進学や住宅購入以外にかかるお金、夫婦やご自身のキャリアプランについて考えましたか？
- [ ] 住宅のために使える貯蓄は計算しましたか？
- [ ] 親からの贈与の可能性は検討しましたか？
- [ ] 最近の住宅ローンの金利について調べましたか？
- [ ] 借入額や毎月返済額の試算はしましたか？
- [ ] 職場の住宅取得に関する制度について確認しましたか？
- [ ] 候補となる住宅ローンの仮審査申し込みから融資実行までにかかる時間を確認しましたか？
- [ ] 住宅ローン申し込みに必要な書類について確認しましたか？

つい金利や月々の支払い金額ばかり気になってしまいがちですが、これらのことも考えておきましょう

●はじめに

　念願のマイホームでの生活がスタートすると同時に始まるのが、住宅ローンの返済です。購入後に経済的に不安なく暮らせるかどうかは、どんな住宅ローンを借りるかが大きなカギを握るといっても過言ではありません。

　それにもかかわらず、物件を選ぶときほど熱心に住宅ローンを選ぶ人は、ほとんどいないのが現状です。その原因の1つが、そもそもどんな住宅ローンが借りられるのかを知らなかったり、選ぶ住宅ローンによって総返済額が大きく違うことを知らなかったりするからでしょう。

　そこで本書は、住宅ローンの基本から選び方まで、はじめて住宅ローンを利用する人にもできるだけわかりやすく解説するように心がけました。

1章は、住宅ローンの基本と、最近の住宅ローンの動向について
2章は、住宅ローンを借りるときに必ずかかる金利の話と、固定金利型・変動金利型・固定金利期間選択型の3つの金利タイプについて
3章は、住宅ローンの返済時に利用できる返済方法や申込時・購入時にかかるお金の流れについて
4章は、購入する住宅やマンションの本体価格以外にかかる、さまざまな諸費用について
5章は、住宅ローンがどこで借りられるかと、そこで取り扱われる住宅ローンの特徴について
6章は、住宅ローンがいくらまでなら借りられるか、何年返済にすればよいかなどといった、無理のない資金計画の立て方について
7章は、シングル、ファミリーなどといったライフプラン別の利用しやすい住宅ローンの特徴や、借り方のポイントについて
8章は、住宅の購入後にかかるお金や、かしこくてお得な住宅ローンの返し方について
9章は、返済が厳しい、離婚したなど、住宅ローン返済中にありがちなトラブルについて
まとめました。

　まずは興味のあるところから読んでいただければ幸いです。

2023年5月20日　ファイナンシャルプランナー　新屋真摘

見てみよう!! 住宅ローン申し込みの流れ

● 自分で住宅ローンを検討して借りる場合

最新の住宅ローンについて情報収集 候補となる住宅ローンの利用条件確認・資料請求 住宅ローンの借入額、返済期間、金利タイプ、団信を仮決定

● 不動産会社と提携した住宅ローンを借りる場合

担当の不動産会社から、おすすめの住宅ローンを紹介されることがあります。手間がかからないのが利点ですが、つい多く借りたり、将来を考えずに借りたりしてしまいがちです。本書の内容などを参考に、紹介された住宅ローンがどんなものなのか、確認しておきましょう

住宅ローンの借入額、返済期間、金利タイプ、団信を仮決定

住宅ローンの比較・検討から仮審査の申し込み、住宅ローンの決定に至るまで、することはたくさんあります。自分で住宅ローンを検討して借りる場合には、物件の申し込みに先だって決めることがたくさんあります。

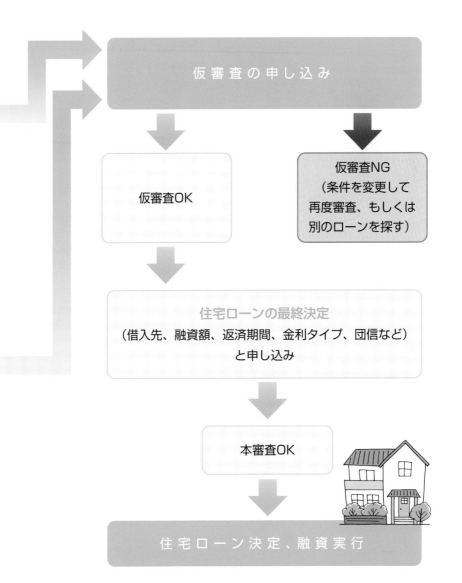

本書の特徴と使い方

住宅ローンのイロハを
人気FPがやさしく、ずばり解説!

このページで解説する内容と、そのポイント

住宅ローンを理解する上で、一番知っておいてほしいことをまとめています。

第5章　一番トクする住宅ローンの選び方

フラット35のメリット

最長35年の長期間固定金利・繰り上げ返済手数料無料・保証料不要・借り換えにも対応…フラット35ならではのメリットを押さえておきましょう。

● 長期固定で返済額が変わらない

　フラット35は、長期間の固定金利となっています。借り入れている全期間が固定されているタイプが一般的ですが、借り入れから5年もしくは10年が経過した時点で金利が変更になる2段階固定のタイプもあります。いずれも、契約の時点で返済額が確定するので、返済計画が立てやすいのが魅力です。

　フラット35の適用金利は、窓口になる金融機関によって異なります。住宅金融支援機構のホームページにある「金利情報」では、物件のある地域で利用できるフラット35の金利や手数料が、金融機関ごとに比較できます。金利は返済期間が20年までの場合、20年超より低く設定されています。また、融資比率が90％以下の場合、90％超より低く設定されています。

● 物件にお墨つきがもらえる

　フラット35を利用するには、**融資の対象となる物件が、機構の定める基準をクリア**しなければなりません。

　具体的な基準には、住宅の規模、敷地とその前の道路との関係、住宅の規格、耐熱構造、配管設備の点検、区画、音の遮断構造、管理・維持、住宅の耐久性など非常に多岐にわたる項目があります。また、基準を実際にクリアしているかどうかを証明するための物件検査も義務付けられています。

　このことによって、融資を受けられる物件が限られてしまうというデメリットも確かにあります。しかし見方を変えれば、**フラット35を利用した物件は、それだけ信頼がおける**ということです。

118

すらすら読める本文

難しい言葉や制度もやさしく説明。ストレスなく読め、頭に入ってきます。

本書は特に断り書きのある場合を除き、原則として2023年6月1日現在の情報に基づいて編集しています。

本書では、住宅ローンを利用する上で理解しておきたいポイントを網羅し、できるだけわかりやすく解説しています。

　はじめから読めば、住宅ローンに関する体系的な知識が身につきます。また2ページ・3ページを参考に、各章をピックアップして読めば、それぞれの疑問点がすばやく解決します。

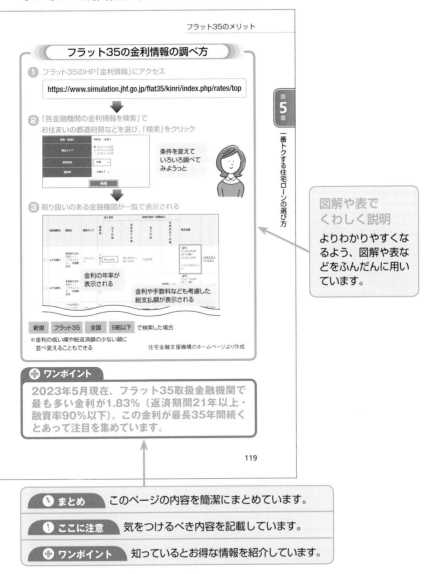

もくじ 一番トクする 住宅ローンがわかる本

住宅ローンに詳しくなろう！ ‥‥‥‥‥‥‥‥‥‥‥‥‥ 2

巻頭特集

住宅ローンにはどんな種類がある？ ‥‥‥‥‥‥‥‥ 4

史上最低水準が続く住宅ローン金利に上昇の兆し ‥‥‥‥ 6

2022年に住宅ローン減税が大幅改正 ‥‥‥‥‥‥‥‥ 8

住宅取得資金の贈与税の非課税枠とは ‥‥‥‥‥‥‥ 10

安全で、環境にやさしくさらにおトクな住宅づくり ‥‥ 12

ニュータイプの団信が続々登場 ‥‥‥‥‥‥‥‥‥‥ 14

住宅ローン準備チェックリスト ‥‥‥‥‥‥‥‥‥‥ 16

はじめに ‥‥‥‥‥‥‥‥‥‥‥‥‥‥‥‥‥‥‥‥ 17

見てみよう!! 住宅ローン申し込みの流れ ‥‥‥‥‥‥ 18

本書の特徴と使い方 ‥‥‥‥‥‥‥‥‥‥‥‥‥‥‥ 20

第1章

借入金額、返済金額、審査基準…
知っておきたい住宅ローンの基本 27

いまどきの住宅ローン事情 ‥‥‥‥‥‥‥‥‥‥‥‥ 28

金融政策の影響は？ ‥‥‥‥‥‥‥‥‥‥‥‥‥‥‥ 30

ローン情報はここで集めよう ‥‥‥‥‥‥‥‥‥‥‥ 32

家賃程度で買えるって本当？ ‥‥‥‥‥‥‥‥‥‥‥ 34

住宅ローンとライフプラン ‥‥‥‥‥‥‥‥‥‥‥‥ 36

住宅ローンを選ぶ3つのポイント ‥‥‥‥‥‥‥‥‥ 38

住宅ローンを団信で選ぶ時代に ‥‥‥‥‥‥‥‥‥‥ 40

住宅ローンは誰でも借りられる？ ‥‥‥‥‥‥‥‥‥ 42

住宅ローン融資までの流れ ‥‥‥‥‥‥‥‥‥‥‥‥ 44

ある日の相談から①　先を見越した返済プランで赤字を防ぐ！ ‥‥ 46

第2章

固定金利、変動金利、固定金利期間選択…
これでわかった！　金利のしくみ　47

金利変動のない全期間固定金利型 ・・・・・・・・・・・・・・・・・48
目先の金利が低い変動金利型 ・・・・・・・・・・・・・・・・・・・50
金利タイプを選べる固定金利期間選択型 ・・・・・・・・・・・・・54
ローンを組み合わせる「金利ミックスプラン」・・・・・・・・・・・56
ボーナス返済で毎月の返済を軽くする ・・・・・・・・・・・・・・58
優遇金利に詳しくなろう！ ・・・・・・・・・・・・・・・・・・・60
金利は融資実行日に決まる ・・・・・・・・・・・・・・・・・・・62
金利の動向はどうやってつかむ？ ・・・・・・・・・・・・・・・64

ある日の相談から②　離婚後会ってないのに相続？ ・・・・・・・・・・・66

第3章

元利均等返済、元金均等返済、ペアローン…
自分に合った返済方法を知ろう　67

返済額がずっと変わらない元利均等返済 ・・・・・・・・・・・・・68
総返済額を抑えたいなら元金均等返済 ・・・・・・・・・・・・・・70
無理のない返済額を決めよう ・・・・・・・・・・・・・・・・・・72
住宅の買い時っていつ？ ・・・・・・・・・・・・・・・・・・・・74
新築マンション購入にかかる3つのお金 ・・・・・・・・・・・・・76
注文住宅のお金の流れはちょっと複雑 ・・・・・・・・・・・・・・78
融資が間に合わないならつなぎ融資 ・・・・・・・・・・・・・・・80
親から子へローンを引き継ぐ！ ・・・・・・・・・・・・・・・・・82
夫婦や親子で手分けして借りる ・・・・・・・・・・・・・・・・・84

ある日の相談から③　団体信用生命保険加入時には保険を見直して！ ・・・86

第4章

保険、税金、保証料…
忘れがちな諸費用もチェック　87

諸費用は物件価格の1割を用意 ・・・・・・・・・・・・・・・・・88
諸費用のなかで割合が大きいローン保証料 ・・・・・・・・・・・・90

23

住宅ローンの手続きにかかる手数料 ・・・・・・・・・・・・・・・・・・ 92

火災保険では水濡れや盗難にも備えたい ・・・・・・・・・・・・ 94

地震による火災は地震保険でカバー ・・・・・・・・・・・・・・・ 96

もしもの災害リスクから住まいを守る ・・・・・・・・・・・・・・・ 98

住宅購入にかかる税金（1）・・・・・・・・・・・・・・・・・・・・・・ 100

住宅購入にかかる税金（2）・・・・・・・・・・・・・・・・・・・・・・ 102

中古物件にかかる諸費用 ・・・・・・・・・・・・・・・・・・・・・・・・ 104

マンションと一戸建ての諸費用 ・・・・・・・・・・・・・・・・・・・ 106

諸費用ローンなら貯蓄0でも家が買える？ ・・・・・・・・・ 108

ある日の相談から④　住宅ローン減税を活用して金利負担を減らす！ ・・・ 110

第5章

フラット35、民間ローン、公的ローン…
一番トクする住宅ローンの選び方　111

フラット35と民間ローン ・・・・・・・・・・・・・・・・・・・・・・・・・ 112

フラット35のバリエーション ・・・・・・・・・・・・・・・・・・・・・・ 114

フラット35のメリット ・・・・・・・・・・・・・・・・・・・・・・・・・・・ 118

フラット35が団信付きに ・・・・・・・・・・・・・・・・・・・・・・・・ 122

フラット35を利用するには？ ・・・・・・・・・・・・・・・・・・・・・ 124

選ばれた住宅のみに適用されるフラット35S ・・・・・・・・・・ 126

民間ローンの特徴とポイント ・・・・・・・・・・・・・・・・・・・・・ 128

民間ローンのメリット・デメリット ・・・・・・・・・・・・・・・・・・ 130

公的なローン、財形住宅融資 ・・・・・・・・・・・・・・・・・・・・ 132

結局、どんな住宅ローンを選べばよい？ ・・・・・・・・・・・・ 136

ある日の相談から⑤　将来の変化に対応しやすい住宅ローン ・・・・・・ 138

第6章

借入可能額の把握、頭金の準備、贈与の利用…
無理なく返済するための資金計画を考える　139

借りられる金額を知ろう ・・・・・・・・・・・・・・・・・・・・・・・・・ 140

返せる金額から借りる額を計算しよう ・・・・・・・・・・・・・・ 142

さまざまなパターンを試算しよう ・・・・・・・・・・・・・・・・・・ 146

ローンのしくみは「利息を先取り」・・・・・・・・・・・・・・・・・・148
金利1%でこんなに変わる！ ・・・・・・・・・・・・・・・・・・・・・・150
返済が5年違うとこんなに変わる！ ・・・・・・・・・・・・・・・・152
頭金は2割を目安に！ ・・・・・・・・・・・・・・・・・・・・・・・・・・154
贈与税非課税枠を活用して予算アップ ・・・・・・・・・・・・156
相続時精算課税を活用しよう ・・・・・・・・・・・・・・・・・・・・158
税務署からの「お尋ね」に備える ・・・・・・・・・・・・・・・・160
いくら手元にお金を残す？ ・・・・・・・・・・・・・・・・・・・・・・162
ある日の相談から⑥　離婚後の住宅ローンの返し方 ・・・・・・・・・・164

第7章

1人暮らし、共働き、子育てファミリー…
ライフプラン別　住宅ローンの選び方　165
ライフプランによって最適なローンは違う ・・・・・・・・・166
1人暮らしの住宅ローン ・・・・・・・・・・・・・・・・・・・・・・・168
共働き家庭の住宅ローン ・・・・・・・・・・・・・・・・・・・・・・172
子育てファミリーの住宅ローン ・・・・・・・・・・・・・・・・・178
2世帯で暮らす家庭の住宅ローン ・・・・・・・・・・・・・・・・180
ある日の相談から⑦　借り換えで返済総額を減らす！ ・・・・・・・・・・182

第8章

繰り上げ返済、借り換え、返済条件変更…
購入後のローンとかしこく付き合おう　183
住宅ローン減税で税金が戻ってくる ・・・・・・・・・・・・・・184
住宅ローン減税を受ける手順 ・・・・・・・・・・・・・・・・・・・188
生命保険の見直しで家計のダイエット ・・・・・・・・・・・・190
繰り上げ返済で総返済額を大幅カット ・・・・・・・・・・・・192
繰り上げ返済は早めにするほど得 ・・・・・・・・・・・・・・・196
金利上昇時の住宅ローン ・・・・・・・・・・・・・・・・・・・・・・198
借り換えで住宅ローンを見直そう ・・・・・・・・・・・・・・・200
資産運用と住宅ローン ・・・・・・・・・・・・・・・・・・・・・・・・202
借り換えできないケースもある ・・・・・・・・・・・・・・・・・204

25

住宅の買い替えは担保割れに要注意 ・・・・・・・・・・・・・・・・・・・・・206
返済条件を変更してローンと上手に付き合おう ・・・・・・・・・・208
購入後にかかるお金（1） ・・・・・・・・・・・・・・・・・・・・・・・・・・・210
購入後にかかるお金（2） ・・・・・・・・・・・・・・・・・・・・・・・・・・・212
ある日の相談から⑧　カードの延滞があると借りられない？ ・・・・・・214

第 **9** 章

収入ダウン、転勤、返済不能…
住宅ローン　困ったときのQ&A　　215

収入ダウンで返済が苦しい ・・・・・・・・・・・・・・・・・・・・・・・・・216
どうしても返せないときには？ ・・・・・・・・・・・・・・・・・・・・・・・218
親からお金を借りても平気？ ・・・・・・・・・・・・・・・・・・・・・・・・220
もしもの離婚で住宅ローンはどうなる？ ・・・・・・・・・・・・・・・222
転勤で家を貸したら？ ・・・・・・・・・・・・・・・・・・・・・・・・・・・・・224
住宅を売って利益が出たとき ・・・・・・・・・・・・・・・・・・・・・・・226

資料集
元利均等返済　返済額早見表 ・・・・・・・・・・・・・・・・・・・・・・・228
借入可能額　早見表 ・・・・・・・・・・・・・・・・・・・・・・・・・・・・・・232

さくいん ・・236

第 1 章

借入金額、返済金額、審査基準…
知っておきたい住宅ローンの基本

一般的な借入金額、住宅ローン選びのポイント、融資までの流れ、広告の読み方など、誰もが気になる住宅ローンのポイントを概説します。

第1章　知っておきたい住宅ローンの基本

いまどきの住宅ローン事情

初めて住宅ローンを借りるときはわからないことも多く、不安に感じる人もいるでしょう。まずは、筆者が相談者からよく受ける質問を紹介します。どんなことが気になっているのでしょうか？

● みんないくら借りているの？

「こんなに借りても大丈夫でしょうか？」相談に訪れる方からこんな質問をよくいただきます。また、いくらまで借りていいか、頭金をいくら入れていくら借りるべきか、みんないくら借りているのか、という質問もあります。住宅は多額のローンを借りて購入するのですから、慎重になるのも無理のない話です。これまでに相談に訪れた人のデータを見てみると、バラつきはあるものの、**3,500万円～4,000万円程度の住宅ローンを借りる予定の人が多くなっています。**

住宅金融支援機構によると、マンション購入のためにフラット35を利用した人の全国平均は、**物件購入価格4,528.4万円、手持ち資金785.9万円、融資金合計3,562.2万円**。自ら相談に訪れるのは、平均よりやや多めに借りようと思っている人という傾向があるようです。

● 最近人気の住宅ローンってあるの？

もう1つ多いのが、「変動と固定、どちらの金利タイプで借りたらよいでしょうか？」という質問です。記録的な低金利が長引いており、住宅ローンの金利の低下を実感している人が増えています。

0.5％未満の水準が続く中、変動金利の人気が高まり、選択する人が年々増えていました。住宅金融支援機構が2022年10月から11月に住宅ローンを利用した人を対象に行った調査では、実に全体の約70％の人が変動金利を選択しているという結果になりました。2022年2月以降の10年固定金利上昇の動きから今後の金利上昇を懸念しながらも、圧倒的な低金利の魅力に変動が選ばれているようです。しかし一方では、固定期間選択型や全期間固定を選択する人の割合も増えています。

いまどきの住宅ローン事情

ファイナンシャルプランナーに聞くローンの借入金額

Q みんなどのくらいの金額を住宅ローンで用意しているの？

筆者に相談にきた人

A 地域や建物によっても異なりますが、全国的にはだいたい2,800万円から3,500万円です。30代の方がいちばん利用しています

筆者

● エリア別・建物別　資金調達内訳の平均

		手持金	融資金	その他	合計
注文住宅	全国	596.6万円	2,874.4万円	101.4万円	3,572.4万円
	首都圏	737.5万円	3,042.1万円	119.7万円	3,899.3万円
	近畿圏	676.6万円	3,001.8万円	99.1万円	3,777.5万円
	東海圏	581.1万円	2,966.3万円	103万円	3,650.4万円
建売住宅	全国	270万円	3,120.9万円	214万円	3,404.9万円
	首都圏	327.3万円	3,555.6万円	250.4万円	4,133.3万円
	近畿圏	281.5万円	3,091.8万円	204.9万円	3,578.2万円
	東海圏	177.5万円	2,754.5万円	206.5万円	3,138.5万円
マンション	全国	785.9万円	3,562.2万円	180.3万円	4,528.4万円
	首都圏	877.8万円	3,836.0万円	199.6万円	4,913.4万円
	近畿圏	792万円	3,515.5万円	170.1万円	4,477.6万円
	東海圏	538.9万円	3,526.2万円	196.9万円	4,262.0万円

※住宅金融支援機構　フラット35利用者調査2021年度データ(集計表)より作成

➕ ワンポイント

最近は審査から申し込みまでインターネットで完結する住宅ローンが人気です。金利の安さや、忙しい人でも自宅で空き時間に手続きができる利便性が魅力です。

第1章　知っておきたい住宅ローンの基本

第1章　知っておきたい住宅ローンの基本

金融政策の影響は？

コロナによる景気悪化を防ぐべく大規模な金融緩和が行われていましたが、急激なインフレを封じ込めるべくアメリカの金融政策は2022年に引き締めに転じ、大幅な利上げが行われました。

● 日本でも金利上昇の兆しが

　世界経済の減速懸念から、2016年に導入されたのが、日銀のマイナス金利政策です。

　これによって長期金利はマイナス圏に突入し、住宅ローンの金利も史上最低を更新しました。2020年には新型コロナウイルスの世界的な感染拡大による景気対策として、アメリカで緊急利下げが行われ、世界的にも金融緩和による低金利が続き、株価を押し上げました。

　2022年、アメリカでは金融正常化に向けての取り組みに加え、コロナ感染拡大による供給不足と資源高を背景に深刻化するインフレを抑制すべく大幅な利上げが行われ、それに伴い**日本の長期金利も上昇し、フラット35や10年固定の住宅ローン金利が上昇に転じました。**

● 金利の動向には注意が必要

　アメリカや欧州が利上げに転じる中、先進国で唯一日本は金融緩和を継続しており、変動金利は史上最低水準を更新しています。変動とはいえ0.5％を下回る金利は、これから住宅ローンを借りて住宅購入を検討する人にとっては大きな魅力です。一方で、アメリカの急速な利上げによって世界的な景気後退を招くと、借金をして住宅を購入することに慎重になる人もいるでしょう。

　今後日本でもインフレが意識されるようになれば、変動金利が上昇するかもしれません。金利上昇のペースや時期を予想することはできませんが、少なくともこれまでの金利水準のように低位安定ありきの安易な返済計画では、先々対応できず困ったことになりかねません。

30

金融政策の影響は？

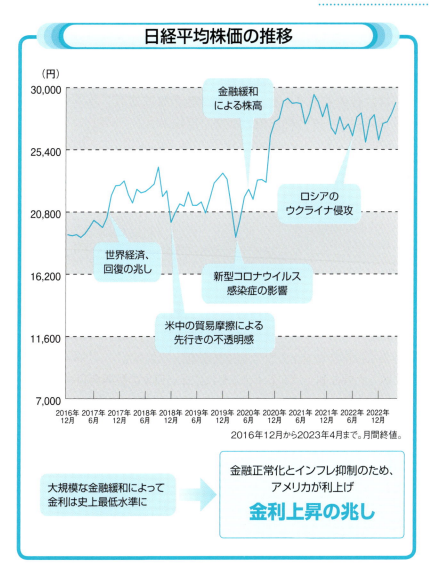

第1章 知っておきたい住宅ローンの基本

⚠ **ここに注意**

変動金利や短期の固定金利で借りる人は、金利上昇の影響で、毎月返済額が数万円単位でアップするリスクがあります。金利の動向を慎重に見守りましょう。

第1章　知っておきたい住宅ローンの基本

ローン情報はここで集めよう

どんな条件で借りるかによって、その後の住宅ローンとの付き合い方は大きく変わります。金利や諸費用など納得できる条件で契約できるよう、積極的に情報収集しましょう。

● インターネットを活用して調べてみよう

　住宅ローンに関する情報収集窓口は、インターネット、金融機関、新聞、住宅情報誌、チラシ、モデルルーム、住宅販売事業者など多岐にわたります。こうしたルートを使って積極的に情報収集する人が多い反面、あれこれ調べずに、物件の提携する住宅ローンを真っ先に検討する人もいるようです。

　筆者への相談者にも人気があるのが、**インターネットの比較サイトです**。まずはこうしたサイトで、各住宅ローンの利用者の口コミや最新の金利の傾向をつかむとよいでしょう。

● 時間的に余裕を持って検討することが必要

　インターネットによる情報収集は大変便利なのですが、注意点もあります。住宅ローンの金利には店頭に表示される基準金利と優遇金利の2種類があって、**通常、実際に借りたときに支払うのは優遇金利になる**からです。優遇金利とは、基準金利から一定の金利を差し引いたもの。給与振込口座に指定するなど金融機関が定める条件を満たしたとき、店頭に表示される金利から差し引かれます。

　何％の優遇が受けられるかは、条件によって決まります。勤務先などの条件次第で、さらに優遇率がアップすることも。借り手の年収や物件の状況によっては、肝心の審査が通らないことだってあるでしょう。結局のところ、自分のケースではどうなのか確認する必要があるのです。最近は、ネット申込で複数の金融機関の仮審査が同時に受けられるサービスがあります。場合によっては直接金融機関の窓口を訪ねて、相談してもよいでしょう。

32

ネットの比較も参考にしよう

● 住宅ローン検索の一例

詳細条件				
借り入れタイプ	●新規	○借り換え		
金利タイプ	□変動金利			
	□固定金利			
	□全期間固定金利・フラット35			
金融機関種別	□ネット銀行	□都市銀行	□地方銀行	□信託銀行
	□銀行以外			
金融機関名	**ネット銀行**			
	□イオン銀行	□auじぶん銀行	□新生銀行	□住信SBIネット銀行
	□ソニー銀行	□PayPay銀行	□楽天銀行	
	都市銀行			
	□みずほ銀行	□三井住友銀行	□三菱ＵＦＪ銀行	□りそな銀行

※諸条件を入力して目的に合う住宅ローン商品を検索。
※価格.comより。

人気は金利の安さだけでは決まらないのですね

はい、事務手数料の金額や保証料の有無など条件を変えて検索してみましょう

⚠ ここに注意

金利の条件にだけつい目を奪われがちですが、保証料や各種手数料などの諸費用（第4章で解説）も安いものではありません。「総額でいくらか」を確認しておきましょう。

第1章　知っておきたい住宅ローンの基本

家賃程度で買えるって本当?

広告上の返済プランと実際のプランには大きな隔たりがある場合があります。返済条件や購入後にかかる費用など、広告の返済プランの落とし穴を知っておきましょう。

●住宅ローンの設定条件を確認しよう

　マンションの広告によくうたわれている「家賃程度の負担で購入できます」のフレーズを、うのみにするのはかなり危険です。というのも、こうした返済額の計算方法には、ちょっとしたカラクリがあるからです。

　そもそも住宅ローンの毎月返済額は、金利をいくらで借りるか、何年で返すか、ボーナスで返す割合はいくらかなど、設定次第である程度操作できるものなのです。

　たとえば、広告の場合、返済期間が35年になっていることがほとんどです。仮に、このプラン通り40歳の人が借りるなら、完済するのは75歳。十分な退職金や年金が望めない今の時代、退職後に多額の返済を残すのは無謀ともいえる計画でしょう。さらに、ボーナス返済の割合がとても高かったり、金利の低い変動金利での計算になっていたりして、**広告のプラン通りに返しにくいこともある**ということを知っておきましょう。

●持ち家だからかかる費用もある

　購入後は、持ち家ならではの費用も負担しなければなりません。その代表が固定資産税。更新の時期になれば火災保険料（94ページ）を支払う必要もあります。

　マンションなら、毎月の管理費や修繕積立金の負担も決して軽くはありません。一戸建てだって、家屋のメンテナンス費用がかかります。さらに、賃貸暮らしのときよりも住まいが広くなったり、部屋が増えたりすれば、その分光熱費の負担も大きくなることが考えられます。

家賃程度で買えるって本当？

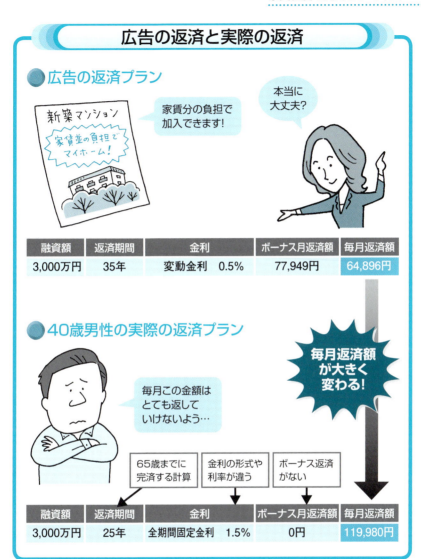

広告の返済と実際の返済

●広告の返済プラン

家賃分の負担で加入できます！

本当に大丈夫？

融資額	返済期間	金利	ボーナス月返済額	毎月返済額
3,000万円	35年	変動金利 0.5%	77,949円	64,896円

●40歳男性の実際の返済プラン

毎月この金額はとても返していけないよう…

毎月返済額が大きく変わる！

65歳までに完済する計算
金利の形式や利率が違う
ボーナス返済がない

融資額	返済期間	金利	ボーナス月返済額	毎月返済額
3,000万円	25年	全期間固定金利 1.5%	0円	119,980円

！ここに注意

今の家賃と比較するなら、必ず自分の返済プランを試算しましょう。毎月返済額に、購入後の税金や保険料などの費用を合わせた金額で考えます。広告をうのみにするのは危険です。

第1章　知っておきたい住宅ローンの基本

住宅ローンとライフプラン

住宅ローンは一度借りたら長くお付き合いしていくもの。ライフプランとの相性次第で、将来よい関係を続けていけるかどうかが決まります。大きな支出は先に把握しておきましょう。

● 将来を見据えた住宅ローンを選ぼう

　住宅ローンは一度スタートしたら、20年以上の付き合いになることが多いものです。それだけの間、家族の状況がずっと同じとは限りません。むしろ、変わっていく方が自然です。

　どんな住宅ローンを借りるかを決めるときには、**ライフプランの変化があることを想定**して、毎月返済額や返済期間、金利タイプなどの作戦を立てなければなりません。

　これから結婚や出産で、家族が増える予定はありますか？　転職の予定はありますか？　仕事は何歳まで続けますか？　子どもの進学については、どんな希望を持っていますか？

　目の前のお金の出入りばかりを考えるのではなく、こうした将来的な収支の変化を見通すことが、住宅ローンと上手に付き合うコツといえます。

● 住宅ローンと教育費

　人生の三大支出といえば、「住居費」「子どもの教育費」「老後資金」。このうち住居費と子どもの教育費は、支払う期間が重なる出費です。しかも、どちらもいったんスタートしたら、簡単には変えられない性格のものです。お互いが家計に与える影響を考えて、慎重にプランを立てなければなりません。

　右肩上がりの収入が見込めない今の時代、ぎりぎりの返済プランでスタートすると、将来教育費の負担が大きくなったときに、家計が破たんしてしまう恐れがあります。返済プランのゆとりもさることながら、ピーク時の教育費に備えた貯蓄を準備するよう心がけましょう。

36

住宅ローンとライフプラン

ライフプランと返済計画の成功例・失敗例

● 成功例

60歳で完済するプランを組み立てよう。子どものことも考えなきゃ…

教育費も計算していたから大丈夫！

定年までに返済できてよかったね

Aさん夫婦

住宅ローンスタート

第1子・第2子誕生

● 失敗例

まあ70歳まで借りて、後で繰り上げ返済すればいいや。子どもの教育費もそのつど払えばいいよね…

教育費がかさんで繰り上げ返済どころじゃない！

どうしよう…
住宅ローンは残ってるし、退職金も思ったほどなかったし…

Bさん夫婦

住宅ローンスタート

第1子・第2子誕生

まとめ

マイホームは人生最大の買い物です。子どもの教育費や老後資金など、ほかの出費との兼ね合いを考えて慎重にプランを選ぶことが、住宅ローンと上手に付き合う第一歩です。

第1章　知っておきたい住宅ローンの基本

住宅ローンを選ぶ3つのポイント

住宅ローンを選ぶ決め手となるのは、ズバリ、「金利」「諸費用」「団信」の3つ。この3つが変われば、同じ金額を借りたとしても総返済額は大きく変わってくるのです。

● 金利は安さとタイプに注目

　住宅ローンを選ぶときに多くの人が真っ先に注目するのは、金利です。もちろん、金利は安いに越したことがないのですが、金利タイプも合わせてチェックしなければ意味がありません。
　金利タイプには、返済期間中金利がずっと変わらない固定金利型と、返済期間中に金利が変わる変動金利型があります。**通常、固定金利型は、変動金利型より金利が高めに設定されています。**
　目先の金利の安さを優先するか、それとも、金利が変わらない安心感を優先するかによって選ぶ金利タイプは変わります。また、今後金利が上昇すると予想するか、しばらくは低金利が続くと考えるかによっても、どちらの金利タイプを希望するかが分かれます。

● どんな諸費用がいくらかかるかも調べよう

　住宅ローンを借りるときには、保証料や融資実行の手数料、保険料などさまざまな費用がかかります。**こうした諸費用をいつ、いくら払うかも、住宅ローン選びのポイントとなります。**中でも、保証料と融資の事務手数料については、特に負担が大きいので、よく調べましょう。
　繰り上げ返済の手数料についても、各金融機関で取り扱いが異なります。**積極的に繰り上げをして返していきたいと思っている人なら、手数料や手間がかからない住宅ローンを選ぶのも1つの方法**です。
　疾病保障付団信など団信（40ページ）については無料の範囲でつく場合もありますが、一般に手厚くするほど金利は高くなります。どの程度の内容がどのくらいのコストでつけられるかを比較するとよいでしょう。

住宅ローンを選ぶ3つのポイント

住宅ローンを選ぶ3つのポイント

ポイント①　金利

- 金利の安さは？
- 金利のタイプは固定金利、変動金利、固定金利期間選択型などのうちのどれ？
- 優遇金利は適用される？　適用される期間は一定期間？　それともずっと続く？

ポイント②　諸費用

- 保証料は無料？　最初に一括で払う？　それとも金利に上乗せ？
- 融資の手数料は融資額にかかわらず一律？　それとも融資額に応じて計算？
- 繰り上げ返済の手数料は無料？　それとも有料？

ポイント③　団信

- 団体信用生命保険の内容は？
- 保険料は無料？　金利に上乗せ？　別途払う？

どれを選ぶかで総返済額は大きく変わります！

第1章　知っておきたい住宅ローンの基本

➕ ワンポイント

家族で協力して住宅ローンを返していきたいなら、親子リレー返済（82ページ）や家族ペアローン（84ページ）などのプランが選べるか確認しましょう。

第1章　知っておきたい住宅ローンの基本

住宅ローンを団信で選ぶ時代に

他行との差別化を図るために、保障内容を充実させた団信が次々と登場しています。団信に注目するのも新しい住宅ローンの選び方です。

金利上乗せで保障内容が充実

　最近の団信は、十一大疾病付や先進医療をカバーするものが登場し、ますます保障範囲を広げています。一般的に、保険料無料でカバーされる範囲があり、金利を上乗せしたり別途保険料を払ったりすることで、さらに保障内容が手厚くできるメニューが用意されています。**住宅ローンを比較する際は、表面的な金利だけでなく、団信の保障内容も含めて比較するとより納得度の高い住宅ローンが選べます。**

　団信の保障内容は、残債がゼロになる、半分になる、一定期間払わなくてもよい、一時金が出るなどいくつかのパターンがあり、診断確定で保障されるもの、一定期間の入院や就労不能が続いた場合に使えるものなど支払われる際の要件も複雑です。どういう要件に該当すればどんな保障を受けられるのか、よく確認するとよいでしょう。

がん団信でもしものがんに備える

　生涯で二人に一人がかかるといわれるのが、がんという病気です。がんになると、治療にかかるお金のほかに、転職や休職による収入減も大きなリスクとなります。がんによる経済的なダメージが大きく、住宅ローンが払えなくなるリスクに備えられるのががん団信です。**がん団信には、がんになったら残債の100％もしくは50％のローンがなくなるタイプのほか、がんと診断されたら一時金がもらえるタイプがあります。**女性は30代から50代で婦人科系のがんになる確率が高い傾向があるので、がん保障のついている団信に加入すると安心です。男性なら60代以降がんになる確率が高くなるため、特に60歳以降のローン返済が残りそうな人は、がん団信をおすすめします。

住宅ローンを団信で選ぶ時代に

団信の保障内容と適用要件の一例

●A銀行　8疾病保障プラス付団信の場合

	適用要件	保障内容
死亡・高度障害	死亡または高度障害になった場合	住宅ローン残高がゼロになる
がん	診断	住宅ローン残高がゼロになる
脳卒中 急性心筋梗塞	就業不能状態が継続した場合	最長2カ月間毎月返済相当額を保障
	所定の状態が60日以上継続した場合	住宅ローン残高がゼロになる
高血圧症 糖尿病 慢性腎不全 肝硬変 慢性膵炎	就業不能状態が継続した場合	最長12カ月間毎月返済相当額を保障
	就業不能状態が12カ月を超えた場合	住宅ローン残高がゼロになる
リストラ	失業状態が1カ月を超えて継続した場合	最長6カ月間毎月返済相当額を保障
火災・地震・自然災害などで住宅が全壊または大規模半壊	居住できない状態が継続した場合	最長6カ月間毎月返済相当額を保障

契約前にどういう傷病や状況で、どんな状態になれば、どんな保障が受けられるか、金利の上乗せがあるかなどをよく確認しましょう！

第1章　知っておきたい住宅ローンの基本

➕ ワンポイント

大型の保障がつけられるのが団信の魅力ですが、保険は団信のみにして、他の保険をすべて解約するのは考えもの。住宅ローンを完済すれば保障はなくなってしまうことも理解しておきましょう。

第1章　知っておきたい住宅ローンの基本

住宅ローンは誰でも借りられる？

住宅ローンは申し込めば誰でも借りられるものではありません。借り手の勤務先、年収などをチェックする金融機関の厳しい審査をパスすることで初めて借りられるものなのです。

● 何を基準に審査されるの？

　住宅ローンの審査は、「借り手が確実に貸したお金を返してくれる人物かどうか」、「万が一返してもらえなかったときに、担保に融資額相当の価値があるかどうか」を調べるために行われます。

　審査でチェックされる項目は、借り手の年齢、住まいの状況、勤務先、役職、雇用形態、勤続年数、育休中の取り扱い、年収、預貯金など資産の状況、頭金の割合、担保となる物件の価値など多岐にわたります。審査の基準は公表されておらず、金融機関によっても異なります。したがって、**ある金融機関で融資が断られても、ほかの金融機関でOKが出ることもあるのです。**

● 借りられないのはどんなとき？

　月収に対する毎月返済額を返済負担率といいます。これが規定をオーバーすると、まず審査は通りません。**車のローンなど別のローンを返済中ならその返済額も合計した金額で判断される**ので、その分住宅ローンの毎月返済額を少なめにしなければなりません。

　フラット35には、融資の対象となる物件の品質について細かな基準が設けられています。これをクリアしなければ利用できません。

　また、万が一の死亡や病気で返済が滞っては困るので、**民間のローンを借りる場合は、団体信用生命保険に加入することが義務づけられています。**したがって、健康上の理由から保険に加入できない人は、民間の住宅ローンを利用することは難しいでしょう。

　なお、転職して日が浅い人は、安定して返済されるかがわからないため、金融機関によっては審査に通りにくくなっています。

住宅ローンは誰でも借りられる？

返済負担率が重視されている

住宅ローンの審査のとき、審査をする金融機関は私たちのどんなところをチェックしているんですか？

多くの金融機関が初めに見るのは年収に対する年間返済額の割合を示す返済負担率です。また、勤め先や返済能力の変化もよく見られています

● 住宅ローンの貸出審査で重要度が増している審査項目は？
（複数回答可）

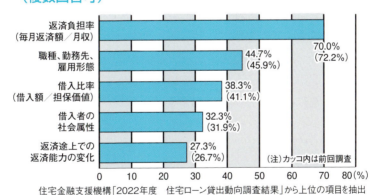

項目	今回	（前回）
返済負担率（毎月返済額／月収）	70.0%	(72.2%)
職種、勤務先、雇用形態	44.7%	(45.9%)
借入比率（借入額／担保価値）	38.3%	(41.1%)
借入者の社会属性	32.3%	(31.9%)
返済途上での返済能力の変化	27.3%	(26.7%)

（注）カッコ内は前回調査

住宅金融支援機構「2022年度　住宅ローン貸出動向調査結果」から上位の項目を抽出

➕ ワンポイント

住宅ローンの審査に人工知能（AI）が導入されています。これによって審査にかかる時間の大幅な短縮が図れ、（即日〜）数日で結果が出るようになりました。

第1章　知っておきたい住宅ローンの基本

第1章　知っておきたい住宅ローンの基本

住宅ローン融資までの流れ

住宅購入と住宅ローンの申し込みは、同時進行で進みます。ここでは住宅ローンの申し込みから、実際にお金が振り込まれるまでの一連の流れを確認しておきましょう。

● 住宅ローン申し込みの手順

　情報収集をしてある程度希望する住宅ローンが決まったら、**まずは仮審査（事前審査）を申し込みましょう**。仮審査は、42ページにあげた審査の基準となる項目について申請します。仮審査の結果が出るには数日かかりますが、Web上で申し込めるネット系の金融機関なら、即日で結果がわかる場合もあります。

　仮審査がOKなら、次はいよいよ本審査の申し込みです。申込書と一緒に、前年の収入を証明する源泉徴収票や住民票、物件の売買契約書などの提出が求められます。提携ローンを利用する場合は、不動産会社と書類のやり取りを行うこともあります。

　本審査の結果は、金融機関によって差があるのですが、半月程度で出てくるところが多いようです。**本審査が通って、住宅ローンの契約を結べば、晴れて融資が実行されます**。金融機関によってはこの間1カ月程度かかることも。手続きは余裕をもって進めましょう。

● ローン特約って何？

　右ページの流れを見て、住宅の売買契約が終わってから、住宅ローンの本審査を申し込んでいることに気がついた人がいるかもしれません。この順番だと、もしも本審査が通らなければ、「契約はしたもののお金を工面できない」という状態になってしまいます。

　そこで、契約時に書類を取り交わす中で結ばれるのが、「ローン特約」です。この特約をつけておくと、**もしも審査が通らなくて予定していた住宅ローンが借りられないときには、住宅の売買契約をキャンセルし、なかったことにできます**。

44

住宅購入と住宅ローン申し込みは並行して

スタート

住宅購入

- 物件探し

- 物件の申し込み
⇒申込金を払う

- 売買契約を結ぶ
⇒手付金を払う
  - ローン特約について確認

- 残金を払う

住宅ローン

- 住宅ローンの情報収集、返済シミュレーションをしてみる

- 住宅ローンの候補を決めて、仮審査を受ける

- 本審査を受ける

- 住宅ローンを契約

- 融資実行

ゴール

融資が実行され
返済開始
新居に入居できる

➕ ワンポイント

融資が実行されるより前に、土地や住宅の代金を支払わなければならないようなケースがあります。その場合はつなぎ融資（80ページ）を受ける必要があります。

コラム

ある日の相談から①

先を見越した返済プランで赤字を防ぐ！

　Aさん（35歳）は、奥さんと子ども（2歳と0歳）の4人暮らし。奥さんの実家近くに、5,000万円で一戸建てを購入する話が進んでいます。資金は1,000万円を頭金に入れ、残りの4,000万円は住宅ローンで用意する予定です。現在考えているローンは変動金利0.5％、返済期間は定年までの25年間とのこと。これでスタートすると、当初の毎月返済額は14万2,000円になる見込みです。このような計画で問題ないだろうか、という相談をいただきました。

　現在は子どもが小さいので家計にも余裕があり、問題ないように見えます。しかし、将来のキャッシュフローを試算してみると、下の子が大学に進学した年に預貯金が底をつくことがわかりました。もし金利の上昇が予想以上に早ければ、もっと早い段階で赤字になってしまうかもしれません。そのことをお伝えし、両親に助けてもらえないか相談してみることをおすすめしました。

　できれば親に頼りたくないと考えていたAさんでしたが、結局両親は700万円の贈与をしてくれることに。フラット35S地域連携型（子育て支援）を利用することで、当初10年間の金利は1.3％、毎月返済額は12万9000円と抑えられました。教育費の積み立ても無理なく始められたのです。

※コラムの内容は、著者が実際に相談を受けたケースをもとにまとめたものです。

第 2 章

固定金利、変動金利、固定金利期間選択…
これでわかった！
金利のしくみ

ローンにつく金利には大きく分けて固定金利と変動金利の2種類があります。まずその違いを知ることが、お得な住宅ローン利用の第一歩です。

第2章　これでわかった！　金利のしくみ

金利変動のない全期間固定金利型

ローンを借りたときから返済が終わるまで、金利がずっと変わらないタイプの住宅ローンが全期間固定金利型です。返済計画の立てやすさ、金利の変わらない安心感が魅力です。

● ずっと同じ金利が続く安心感がある

　全期間固定金利型は、住宅ローンを借りたときから返済が終わるまで、金利がずっと変わらないタイプの住宅ローンです。

　全期間固定金利型のよいところは、**今後世の中の金利水準が上がっても、金利は借りたときのレートが続いて、返済額が上がらないという安心感がある**ところです。

　ただし、全期間固定金利型のローンは、通常、変動金利型よりも目先の金利が高めに設定されています。そのため、毎月の返済額がやや多めになってしまうという難点もあります。

● 返済額アップに対応しにくい家庭におすすめ

　全期間固定金利型の住宅ローンを選んでおけば、子どもの教育や老後資金などほかのライフイベントを含めたマネープランが立てやすくなります。

　特に年収が少なめの家庭や、子どもの教育費負担が大きい家庭など、返済額アップに家計が対応しにくい家庭では、利用しやすいローンといえるでしょう。

　住宅ローンの金利水準はおおよそ1.5〜2%。上昇傾向にあるものの、低い水準が続いています。しかし、1995年以前を振り返ってみると、4%超が当たり前。一時的には8%を超すこともありました。

　最近の住宅ローンの金利は、過去のローン水準から考えれば超がつくほど低金利ということがわかります。「将来の金利上昇に備えて、今のうちに固定金利で借りておこう」と考える人が、全期間固定を選んでいるようです。

金利変動のない全期間固定金利型

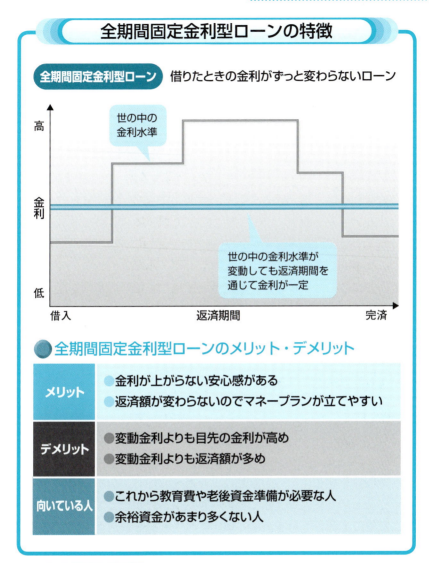

全期間固定金利型ローンの特徴

全期間固定金利型ローン 借りたときの金利がずっと変わらないローン

世の中の金利水準

世の中の金利水準が変動しても返済期間を通じて金利が一定

● 全期間固定金利型ローンのメリット・デメリット

メリット	●金利が上がらない安心感がある ●返済額が変わらないのでマネープランが立てやすい
デメリット	●変動金利よりも目先の金利が高め ●変動金利よりも返済額が多め
向いている人	●これから教育費や老後資金準備が必要な人 ●余裕資金があまり多くない人

➕ ワンポイント

全期間固定金利型の代表は、住宅金融支援機構の「フラット35」。これに対抗するために、民間の金融機関でも、固定期間30〜35年といった商品を取り扱うところもあります。

第2章　これでわかった！　金利のしくみ

目先の金利が低い変動金利型

変動金利型のメリットは、何といっても目先の金利が低めに設定されていることです。変動金利をうまく利用すれば、固定金利型よりも総返済額を減らすことができます。

● 返済額が5年ごとに見直される

　変動金利型は、返済途中で金利が見直されるタイプのローンです。一般に適用される金利は年に2回見直されますが、そのたびに返済額が変わるわけではありません。返済額の変更は、5年ごとに行われることになっています。

　変動金利型のメリットは、固定金利型よりも目先の金利が低く、毎月の返済額が比較的少なくて済むところです。

　一方デメリットは、将来的に金利が上がっていけば、返済額も上がってしまうことにあります。ただし、**見直し後の返済額は、前回の1.25倍までしか上がらない**というルールがあるため、返済額が一気に倍増する、というようなことはありません。

● 未払い利息にご用心

　変動金利とはいうものの、5年ごとにしか返済額が変わらないと、金利の上昇を感じにくいかもしれません。しかし、負担の増加を感じにくくても確実に、返済額に占める利息の割合が増えています。しかも、**急激に金利が上昇すれば、負担すべき利息が毎月返済額を超えてしまうことになる**かもしれません。

　返済額を超えた部分の利息を「未払い利息」といいます。未払い利息が発生すると、返しても返しても元本（がんぽん）が減らないばかりか、未払い利息分だけ、将来の返済が増すことになります。その結果、家計が苦しくなってしまうことも考えられるのです。

　このようなリスクを避けるため、最近は一部金融機関で、適用金利に応じて随時返済額を変更するところもあります。

目先の金利が低い変動金利型

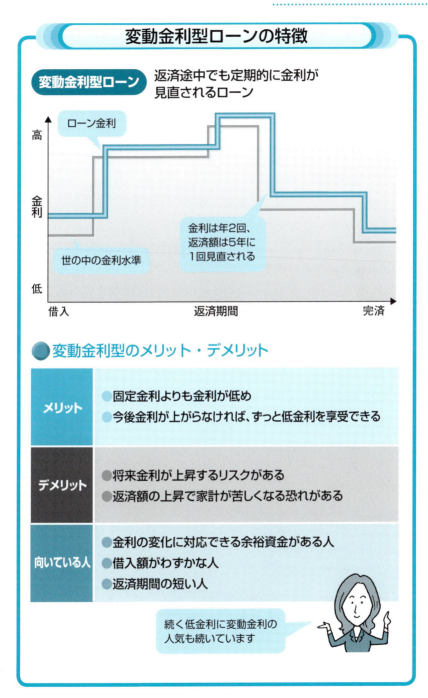

● 変動金利型が向いている人

　変動金利型のリスクは、将来の返済額が変わることにあります。そのため、変動金利型の住宅ローンが向いているのは、**金利が上がっても無理なく支払っていけるだけの余裕がある家計の人**ということができます。

　共働きの人たちなど、早い段階でどんどん繰り上げ返済をして、ローンを返していける人にも向いています。また、借入額がわずかな人や、返済期間が10年以下の人は、金利上昇で受ける影響がそれほど大きくないため、変動金利型を選択してもいいでしょう。

　景気刺激の必要性から、しばらくは**低金利が続くと予想する人は、変動金利型を選んでいます**。金融機関によっては、あらかじめ上限が決まっていて、それを超える金利は適用しない「上限金利つき」タイプもあるので、このタイプなら将来の金利上昇リスクを抑えることができます。

● 変動金利は借りすぎてしまうリスクも

　毎月返済額は返済期間が長ければ長いほど、金利が低ければ低いほど少なくなります。

　たとえば、融資額3,000万円を返済期間30年金利3％で借りたとすると、毎月返済額は12万6,481円になります。他の条件を同じにして、金利1％で計算すると9万6,491円です。

　毎月12万円を超える返済は難しく感じても、10万円以下で済むなら、やっていけそうとの印象を持つ人は多いのではないでしょうか。

　2023年5月現在、変動金利の適用金利（店頭金利から各種優遇金利を引いたもので、多くの人が実際借りる金利）の水準は0.4％前後と大変低くなっています。住宅展示場やマンションのモデルルームで受ける説明の試算は、ほとんどがこの変動金利。将来的な金利上昇の可能性を考えずに、安易に変動金利の今の水準ありきで購入プランを立ててしまうと、困ったことになりかねません。金利の低い変動金利を選んで、つい借りすぎてしまわないよう注意しましょう。

52

目先の金利が低い変動金利型

変動金利で借りた場合の返済例

例 借入金額3,000万円、返済期間30年を変動金利、元利均等返済で返す場合

返済年数	金利	毎月返済額
1～5年目	0.5%	89,756円

6年目　初めての返済額変更

金利が0.7%に
なったら…

毎月返済額
91,978円
（+2,222円）

金利が1%に
なったら…

毎月返済額
95,375円
（+5,619円）

金利が1.3%に
なったら…

毎月返済額
98,851円
（+9,095円）

金利の変動次第で
返済額が
大きく変わります

まとめ

変動金利型を選んでいいのは、返済余力が大きい人や返済期間が短い人、借入額がわずかな人。これらの人に共通しているのは、金利上昇の影響を受けにくいということです。

第2章　これでわかった！　金利のしくみ

第2章　これでわかった！　金利のしくみ

金利タイプを選べる固定金利期間選択型

銀行などでよく見られるのがこのタイプ。あらかじめ指定した固定金利期間が終わるときに、金利の動向を見ながら、次の金利タイプを固定にするか変動にするか選ぶことができます。

● 一定期間だけ金利が固定されている

　固定金利期間選択型は、一定期間の金利が固定できるローンです。**契約時に2年、3年、5年、10年などといった固定金利期間を選び、その固定金利期間が終わったときに、次の金利タイプを選べる**のが特徴です。民間の金融機関で主として取り扱いがあります。

　一般的には、金利の固定期間が長くなるほど金利が高く設定されているという傾向があります。したがって、**今後も世の中の金利があまり変わらないと考えるなら、固定期間が短いタイプ**を選びます。反対に、これから金利が上昇していくと考えるなら、固定期間が長めのタイプを選んでおいたほうが安心です。

　子どもが後3年で卒業だから、そこまでは固定にしたいなどライフプランによって選ぶのもおすすめです。

● 固定期間終了後の取扱ルールは要確認

　最初に定めた固定金利期間が終わったら、次の金利タイプを選びます。引き続き固定金利を選ぶこともできますし、変動金利に変更することもできます。いったん変動金利にした後でも、金融機関に申し出れば、再度固定金利を選べます。金利タイプ変更時には、5,000円〜1万円程度の手数料がかかることがあります。

　銀行のキャンペーン金利などを利用した場合には、最初に契約したときに、次に選ぶ金利についても細かな条件があらかじめ設定されているケースが少なくありません。**最初に契約をするときには、固定金利期間終了後のローン選択の条件についても、細かくしっかりと確認**しておきましょう。

金利タイプを選べる固定金利期間選択型

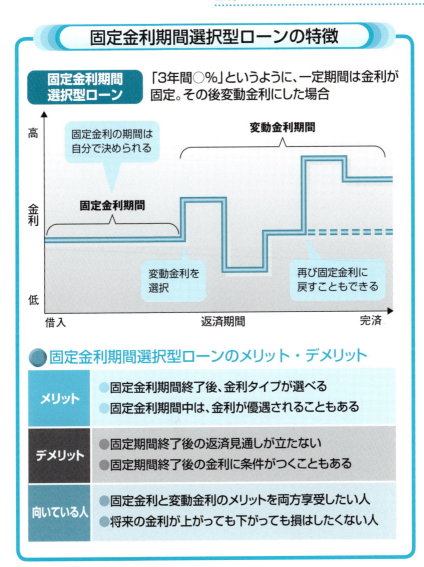

固定金利期間選択型ローンの特徴

固定金利期間選択型ローン

「3年間○%」というように、一定期間は金利が固定。その後変動金利にした場合

- 固定金利の期間は自分で決められる
- 固定金利期間
- 変動金利期間
- 変動金利を選択
- 再び固定金利に戻すこともできる

●固定金利期間選択型ローンのメリット・デメリット

メリット	●固定金利期間終了後、金利タイプが選べる ●固定金利期間中は、金利が優遇されることもある
デメリット	●固定期間終了後の返済見通しが立たない ●固定期間終了後の金利に条件がつくこともある
向いている人	●固定金利と変動金利のメリットを両方享受したい人 ●将来の金利が上がっても下がっても損はしたくない人

➕ ワンポイント

変動金利型のような1.25倍ルール（50ページ）はないので、固定金利期間中に金利が大きく上昇した場合には、固定金利期間終了後に毎月返済額が大幅にアップする可能性があります。

第2章 これでわかった！金利のしくみ

55

第2章　これでわかった！　金利のしくみ

ローンを組み合わせる「金利ミックスプラン」

固定金利の安心感も、変動金利の低金利もどっちも捨てがたい！
そんなときには、2つのローンを組み合わせて利用できる「金利
ミックスプラン」を使えば、お互いの長所を生かせます。

● 2つのローンを組み合わせてリスクを分散

　これから金利が上がっていくと考えるなら、金利が低いうちに長期
で固定金利型のローンを借りておきたいところ。一方で、これからも
金利が上がらないと考えるなら、変動金利型や短期の固定金利型の
ローンを選んでおいた方が、毎月の返済額を少なくできます。

　こうした、あらゆるケースを想定してリスクを分散しておきたいと
考えるなら、タイプの異なるローンを組み合わせて利用する「金利ミッ
クスプラン」を選ぶといいでしょう。**固定金利型のローンと、変動金
利型のローンを組み合わせて利用すれば、お互いのメリットを生かし
つつ、お互いのデメリットを補い合うことができます。**

　たとえば、全期間固定金利型と変動金利型のローンを半分ずつ借り
ておけば、その後の金利が上がっても、固定金利部分の返済額は維持
でき、返済額アップを抑えることができます。また、金利が上がって
きたら変動金利のローン、低金利が続くなら固定金利のローンから先
に繰り上げ返済するといった工夫をすることで、将来の利息負担を効
果的に減らせます。

● 金融機関が同じなら手数料が安くなる

　2つのローンを組み合わせるには、フラット35と民間ローン、財形
住宅融資と民間ローン、などというように、まったく別々のローンを
組み合わせる方法と、1つの金融機関から2タイプのローンを借りる方
法があります。

　どちらもリスクを分散する効果は同じですが、**ローン契約にかかる
諸費用は、1つの金融機関から借りた方が安くできます。**

ローンを組み合わせる「金利ミックスプラン」

金利ミックスプランの組み合わせイメージ

● 返済額を抑えつつ安心も手に入れたいAさんの組み合わせ例

ローン(1)	変動金利
ローン(2)	当初10年間固定金利
メリット	10年間金利が上がらないローンで安心感を得つつ、金利が変動するタイプを組み合わせて返済負担を抑えられる

毎月の
返済額合計

金利が上がる局面で
返済負担を抑えられる

ローン(2)

ローン(1)

10年　20年　30年

● 小さな子どもがいるBさんの組み合わせ例

ローン(1)	30年間固定金利
ローン(2)	15年間変動金利
メリット	片方のローンの返済期間を短く設定しておくことで、教育費のピークにはローン負担を軽くできる

毎月の
返済額合計

期間を短くすることで、金利上昇
局面でも変動金利が使いやすい

ローン(2)

ローン(1)

15年　30年

✎ まとめ

タイプの異なるローンを組み合わせて利用する「金利ミックスプラン」なら、金利が上下するリスクを分散できるので、今後の金利動向が予測できなくても安心して返済できます。

第2章　これでわかった！　金利のしくみ

第2章　これでわかった！　金利のしくみ

ボーナス返済で毎月の返済を軽くする

住宅ローンを毎月の給料からすべて返済するのはちょっと大変。
そんなときには、ボーナス時にいつもの月よりも多めに返済する
「ボーナス返済」を上手に使えば返済負担を軽くできます。

● ボーナス月は返済額を上乗せ

　ボーナス返済は、ボーナス時に住宅ローンを増額して返済すること
です。毎月返済分とボーナス返済分に分けて住宅ローンを借りるので、
ボーナス月には、毎月の返済額にボーナス返済分を上乗せして支払い
ます。

　ボーナス返済では6カ月に1度しか元金部分を減らすことができませ
ん。そのため、**毎月返済分と同じ金利で借りたとしても、ボーナス返
済の方が利息を多く支払うことになります**。ボーナス返済を利用する
返済プランでは、ボーナス返済のない場合より、総返済額もわずかに
多くなります。

● ボーナスは景気の影響を受けやすい

　ボーナス返済分は、一般に借入金の40 〜 50％まで設定できるので、
ボーナスがある人は、ボーナス返済を上手に活用すると月々の返済負
担を軽くできます。

　しかし、ボーナスをあてにして、ボーナス月の返済額を増やすこと
はあまりおすすめできません。

　なぜなら、**ボーナスは景気の変動によって金額が大きく左右される
ものだからです**。現在ボーナスが支給されている会社でも、景気が悪
くなってしまえば、ボーナスが半減したり、突然なくなったりするこ
とだってないとはいえません。また最近では、給料体系に年俸制を導
入することで、ボーナスがなくなったというケースもあるのです。

　なお、返済期間の途中でも、ボーナス返済分を毎月返済分に変更す
ることができます。

58

ボーナス返済で毎月の返済を軽くする

ボーナス返済割合と総返済額の関係

例 フラット35を利用。
金利1.5%、35年固定金利、元利均等返済で1,000万円を借りた場合

ボーナス返済割合	毎月返済額	ボーナス返済額	総返済額
0%	30,618円	0円	12,859,535円
10%	27,556円	18,414円	12,862,567円
20%	24,494円	36,829円	12,865,634円
30%	21,432円	55,243円	12,868,719円
40%	18,371円	73,658円	12,871,646円

ボーナス返済割合が
大きいほど、毎月返済額は
少なくなる

ボーナス返済割合が
大きいほど、総返済額は
多くなる

ボーナス月の返済額は「毎月返済額」＋「ボーナス返済額」。
ボーナス返済割合40%のとき、ボーナス月の返済額の合計は
18,371円＋73,658円＝92,029円となることに注意！

！ ここに注意

毎月返済額を減らせるボーナス返済は便利ですが、頼りすぎるのは禁物です。ボーナスがカットされてしまったために、ローンの返済が滞る例が多いことも知っておきましょう。

第2章 これでわかった！ 金利のしくみ

第2章　これでわかった！　金利のしくみ

優遇金利に詳しくなろう！

民間の金融機関が用意する住宅ローンは、複数の条件を満たすことで優遇金利を適用できます。まずは優遇金利のしくみを知って、有利な金利の住宅ローンを選びましょう。

● 優遇金利のしくみ

　そもそも金融機関にとって、金利は、貸したお金をきちんと回収できるかどうかを測る尺度の役割を果たします。したがって、**金融機関が回収できないリスクが減るなら、その分金利を優遇して安く貸します**、というのが優遇金利の考え方です。

　頭金の割合が多い場合や、いわゆるエコ住宅などのように、物件の断熱性や耐久性が一定の条件を満たした優良物件なら優遇金利が適用されるのは、いざというときの担保の価値が保証されるからです。

　また、大手企業に勤めているなど、住宅ローン申込者が信用できると判断されれば、優遇幅が大きくなることもあります。

● 当初優遇とずっと優遇はどっちがいい？

　優遇金利には大きく分けて、「当初10年間の固定金利期間は2.6％優遇、その後は完済まで1.7％優遇」というように、最初に大きな優遇があるものと、「1.9％を全期間優遇」というように、小さな優遇がずっと受けられるものの2つのタイプがあります。

　前者のタイプが向いているのは、**そもそも返済期間が短めの人や、これからどんどん繰り上げ返済をして返済期間を短縮する予定の人**。残高が大きい当初10年間の金利が低くなっているので、大きな優遇でこの間の利息負担を大幅に減らせます。

　後者のタイプが向いているのは、**返済期間が長い人**。途中で繰り上げ返済ができそうもない人や、返済額が途中で増えるのは困るという人は、全期間にわたって同じ優遇を受けられるタイプの方が安心して返済できるでしょう。

優遇金利に詳しくなろう！

優遇金利のタイプを選ぶ

・当初優遇

初めは金利が低い

優遇期間が終わると返済額が増加する

金利 / 返済期間

・返済期間が短い人
・繰り上げ返済をする人
に向いている

・ずっと優遇

小さな優遇が期間中ずっと続く

ずっと一定の金利が差し引かれる

金利 / 返済期間

・返済期間が長い人
・繰り上げ返済をしない人
に向いている

● 優遇金利を受ける条件

● 頭金が一定以上入れられる

● 口座から公共料金の自動引き落としをしている

● 給与の振込口座を持っている

● 勤続年数（営業年数）3年以上

● 住宅が一定の基準を満たしている

※上記は一例で、金融機関により異なります。

！ ここに注意

延滞などで、優遇金利の適用が解除されることがあります。優遇金利適用の条件をよく確認するとともに、うっかり口座残高が不足することがないよう注意しましょう。

第2章 これでわかった！ 金利のしくみ

61

第2章　これでわかった！　金利のしくみ

金利は融資実行日に決まる

フラット35や民間の住宅ローンの利用を考えているなら、金利が低いときにローンの申し込みをしても安心は禁物です。本当の適用金利は、融資の実行日までわからないのです。

●民間ローンは融資実行時点で金利が決まる

　マンションや注文住宅などは、契約をしてから入居までに時間がかかることがあります。新築マンションは多くの場合、契約時にはまだ建設中ですし、注文住宅は契約をして初めて建設がスタートします。実際の入居までに1年以上かかることも珍しくないのです。

　そこで知っておいてほしいのが、金利が決まるタイミングです。**フラット35や民間ローンでは、融資実行時点の金利が適用されます**。そのため、たとえ金利が低いときにローンを選んでいても、融資が実行されるときまでに金利が上昇すれば、予定よりも返済額が上がってしまうことになります。

　一方、財形住宅融資では、**ローン申込時点での金利が適用されます**。融資実行日に向かって金利が上下したとしても、適用される金利が影響を受けることはありません。

●両方申し込んでおけば安心

　入居まで時間がかかる物件を購入するために、フラット35や民間のローンの利用を考えている人は、金利上昇局面では返済計画が狂ってしまうリスクがあります。そこでおすすめなのが、**財形住宅融資とフラット35を両方申し込んでおく**方法です。

　申し込んだ住宅ローンをキャンセルしても、キャンセル料は発生しません。予想通り金利が上昇して、フラット35の金利が予定より高くなってしまったら、こちらを取り消して、財形住宅融資を借ります。反対に、金利が変わらない、もしくは下がったときには、フラット35を契約すればよいわけです。

金利は融資実行日に決まる

金利が決まるタイミング

フラット35・民間ローン

● 融資申し込み

新築マンション
家賃並の負担で
マイホーム!

● 融資の契約

金利決定には
タイムラグが
あります

金利決定
融資実行までに金利
が上昇したら損、下
落したら得

● 融資実行

手続きの流れ

売買契約締結

決済・引き渡し

財形住宅融資

● 融資申し込み

金利決定
融資実行までに金利
が上昇したら得、下
落したら損

● 融資の契約

契約書

● 融資実行

第2章 これでわかった! 金利のしくみ

🖊 まとめ

住宅ローンによって金利の決まるタイミングは違います。財形住宅融資とフラット35を同時に申し込み、金利の動きを見て片方をキャンセルすれば、金利上下のリスクを減らせます。

63

第2章　これでわかった！　金利のしくみ

金利の動向はどうやってつかむ？

今後の金利をどう読むかによって、どんな金利タイプの住宅ローンを選ぶかも変わってきます。金利の動向をつかむには何をチェックすればよいかを知っておきましょう。

● 長期金利は10年物国債の利回りをチェック

　一般的に、長期固定金利型のローン金利は、国が資金を集めるために発行する10年物国債の利回りに影響を受けます。国債の中で最も流通量が多く、毎月発行されている10年物国債は、長期金利の指標とされているのです。長期金利が変動する原因にはさまざまな要因があるのですが、一般的には、**景気が良くなると上昇し、景気が悪化すると下がる**といわれています。

　2016年3〜11月に関しては、日銀によって導入されたマイナス金利の影響で、10年物国債の金利はマイナス圏に突入しました。2022年1月以降はアメリカの利上げの影響を受け、上昇傾向が見られます。10年物国債の利回りは、新聞の経済面に毎日掲載されています。全期間固定型や固定期間の長い住宅ローンの利用を考えている人は、ここをチェックする習慣をもちましょう。

● 短プラに左右される変動金利

　それに対して、**短期金利の指標となるのが、短期プライムレート**です。短期プライムレートは、銀行が信用力の高い一流企業に1年以内の短期間にお金を貸し出すときの優遇金利のことです。短期プライムレートは、日銀のホームページで確認できます。

　変動金利型や固定期間の短い固定期間選択型のローンは、短期プライムレートに影響を受けます。

　金利の動向を予測することはプロでも難しいものです。しかし、こうした傾向を意識しながら新聞やニュースを見る習慣をもてば、自分なりの方針を立てることができるでしょう。

金利の動向はどうやってつかむ？

長期金利とフラット35の金利推移

※フラット35金利は返済期間21年以上35年未満の最低金利
※10年物国債利回りは各月末時点

2022年1月以降、上昇傾向が見られます

長期で固定金利型ローンを借りるならば今のうちといえます

➕ ワンポイント

短期プライムレートは日銀の金融政策の影響を受けます。日本でもインフレ圧力が強まれば緩和から金融引き締めに舵が切られ、上昇が懸念されます。

コラム
ある日の相談から②

離婚後会ってないのに相続？

　住宅購入の相談に訪れたBさん（42歳）は、3年前に今の奥さんと再婚して2人で暮らしています。Bさんには、長い間会ってはいないものの、前の奥さんとの間に一人娘のC子さんがいます。

　Bさんのように、再婚した人が家を買う場合、気をつけないといけないことがあります。仮にBさんにもしものことがあって相続が発生した場合、Bさんの奥さんに2分の1、前の奥さんとの子どもであるC子さんに2分の1の相続権が発生することになります。もし主な財産が家しかない場合、C子さんが権利を主張すれば、家を売って財産を分ける必要が出てくることも考えられるのです。

　2020年4月から施行された配偶者居住権を使えば、Bさんの奥さんは住み続けることはできるものの、C子さんとトラブルに発展する可能性もあります。そうならないためには、生前にC子さんに財産を贈与して相続の際の遺留分を放棄してもらうか、遺言を残すとともに、家を買ったタイミングで、受取人を今の奥さんにした生命保険に加入してもしもの時の現金を確保し、これをC子さんに渡すことの2つの方法が考えられます。

　Bさんはすでに離婚しているとはいえ、娘のC子さんにも自分の財産を残してあげたいと考えていたため、早速生命保険に加入しました。

第3章

元利均等返済、元金均等返済、ペアローン…
自分に合った返済方法を知ろう

毎月の返済額が一定の元利均等返済と、毎月返済する元金返済額が一定の元金均等返済を紹介します。この2つを軸にさまざまな返済方法が用意されています。

第3章　自分に合った返済方法を知ろう

返済額がずっと変わらない元利均等返済

元利均等返済は、毎月の返済額が変わらないタイプの返済方法です。毎月の支払額が一定で、長期の返済計画が立てやすく、返済がしやすいことから、多くの人に利用されています。

● 返済計画が立てやすい

　住宅ローンの返済方法には、大きく分けて毎月の返済額が一定の「元利均等返済」と、毎月返済する元金が一定の「元金均等返済」の2種類があります。

　元利均等返済は、その名の通り、**元金と利息の合計額がずっと変わらない返済方法です**。メリットは、返済額が一定で長期の返済計画が立てやすいことと、返済当初の返済額が元金均等返済に比べて少なく済むため利用しやすいことが挙げられます。そのため、住宅ローン利用者のほとんどがこのタイプのローンを選んでいます。

● 返済当初は元金が減らない

　住宅ローンでは、**返済額から利息を先取りするというルール**があります。そのため、1回あたりの返済額が利息とほぼ同額であれば、なかなか元金が減っていかないということが起こります。その結果、元金均等返済と比べると、総返済額が多くなってしまうデメリットもあるのです。

　1カ月あたりの利息は、「直前の残高×（金利÷12カ月）」で計算できます。この式からは、金利が直前の残高に対してかかることがわかります。返済額がずっと変わらない元利均等返済では、残高が多い最初のうちは、返済額のうち利息に回る部分が多く、返済しても元金がなかなか減らないという状態が続きます。

　残高が多い最初のころに繰り上げ返済をすると、繰り上げ返済分はすべて元金の返済に回るため、返済期間や総返済額を効果的に圧縮できます。

68

返済額がずっと変わらない元利均等返済

元利均等返済の返済イメージ

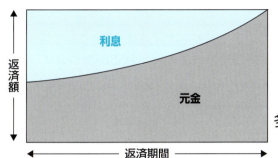

毎月の返済額が **変わらない**

総返済額が **多くなりやすい** ✕

例 借入金額3,000万円を返済期間30年、固定金利1.5%、元利均等返済で返す場合

返済回数	返済額	利息分	元金返済	返済後残高
1	103,536	37,500	66,036	29,933,964
2	103,536	37,417	66,119	29,867,845
3	103,536	37,335	66,201	29,801,644
4	103,536	37,252	66,284	29,735,360
5	103,536	37,169	66,367	29,668,993

毎回の返済額が一定

総返済額…3,727万2,768円

返済額に占める元金の割合が、少しずつ増えていきます

📖 まとめ

元金と利息の合計額が変わらず、毎月の返済額が一定になる返済方法が元利均等返済です。繰り上げ返済をして元金を減らせば、総返済額も効果的に減らすことができます。

第3章　自分に合った返済方法を知ろう

総返済額を抑えたいなら元金均等返済

元金均等返済は、毎月決まった金額の元金を返済する方法です。当初の返済額は高くなるものの、しくみがわかりやすく、元利均等返済よりも総返済額を減らせるという利点があります。

● 総返済額を抑えられる

　元金均等返済は、返済期間を通じて元金の返済額を一定にし、その時々のローン残高に応じた利息をプラスして返済をしていく方法です。返済を始めたばかりのころは、残高にかかる利息の支払いが多くなるため、1回あたりの返済額が高くなります。しかし、返済が進むにつれて利息が減っていき、後になるほど楽になります。

　最初から一定の元金を返済する元金均等返済を選べば、元利均等返済よりも総返済額を少なくすることができます。子どもがまだ小さく教育費負担がこれから重くなっていく家庭や、現役時代になるべく多く返したいというシングルやDINKs（共働きで子どもがいない家庭）、子育てを終えた夫婦などには、利用価値が高いといえるでしょう。

● 利息のつき方がわかりやすい

　元金均等返済の返済額は、「**毎月一定の元金返済額＋直前の残高に対する利息**」で計算します。

　毎月返済する元金の額は、「借入金額÷返済回数」で計算します。右図のモデルケースの場合には、毎回8万3,333円ずつ元金が減っていくことになります。次に、「直前の残高×（金利÷12カ月）」の計算式で、利息を計算して加え、その時々の返済額を求めます。

　返済期間と金利が同じでも、第1回の返済額を比べてみると、元利均等返済よりも元金均等返済の方が、返済額が多くなります。そのため、**最初にたくさん支払うだけの経済的余力があることが利用のポイントとなるでしょう**。

総返済額を抑えたいなら元金均等返済

元金均等返済の返済イメージ

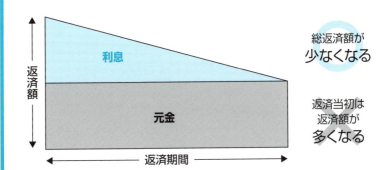

例 借入金額3,000万円を返済期間30年、
固定金利1.5％、元金均等返済で返す場合

返済回数	返済額	利息分	元金	返済後残高
1	120,833	37,500	83,333	29,916,667
2	120,729	37,396	83,333	29,833,333
3	120,625	37,292	83,333	29,750,000
4	120,521	37,188	83,333	29,666,667
5	120,416	37,083	83,333	29,583,333

毎回返済する元金が一定

総返済額…3,676万8,600円

元金が減っていくから、かかる利息も少しずつ減っていきます

➕ ワンポイント

元金均等返済は、返済当初は1回あたりの返済額が元利均等返済に比べて大きくなります。そのため、ローン契約で収入基準をクリアするためには、より高い収入が求められます。

第3章　自分に合った返済方法を知ろう

無理のない返済額を決めよう

住宅ローンの入門書でよく見かけるのが、「無理なく返せる金額で借りましょう」というフレーズです。無理なく返せる金額って、いったいいくらと考えればよいのでしょうか？

● 毎月の返済額を考える

　無理なく返せる金額の求め方はいくつかあります。その中でわかりやすいのが、**今の家賃を基準に考える**方法でしょう。

　家賃や社宅利用料のように、今毎月支払っている住居費と、マイホームの取得用に積み立てている預金額の合計金額が、今後住居費として使える金額です。しかし、これらをすべてローンの返済に回すことはできません。なぜなら、マイホームを買った後には、それを維持するための諸費用が定期的にかかるからです（211ページ）。**月々の返済額は、このような税金やメンテナンス代などを差し引いて考えなければなりません。**

● 転職や出産にも柔軟に対応できるゆとりを

　今の状況でいくら無理がないと思っていても、将来的に家族の状況や仕事の状況が変わってしまっては、ローンの支払いが厳しくなることがあるかもしれません。

　たとえば、転職やボーナスカットによって収入がダウンするかもしれません。会社の業績や健康上の都合で、早期退職することだってないとはいえないのです。子どもは2人を予定していても、3人目を授かることがないとは限りません。返済計画に妻のパート収入をあてにしていたものの、親の介護をしなければならなくなって、パートを辞めることになった…ということだってありえるのです。

　人生何があるかわかりません。**すべてが予定通りにいくとは限らないことを念頭に置いて、ある程度の余裕を持った返済プランを考えることが大切です。**

無理のない返済額を決めよう

毎月の返済額の見積もり方

● ある月の出費（家計簿より抜粋）

現在の家賃	8万円
マイホーム用の積立	4万円
食費	5万円
光熱費	2万円
通信費	1万円
レジャー費	2万円
教育費	4万円
その他	10万円

住居費に回すことが**できる**

住居費に回すことが**できない**

購入後使える住居費……12万円

● マイホーム購入によって新たにかかる費用

管理費・修繕積立金	2万円
税金など	1万円

忘れやすいので注意！

→ 新たにかかる費用…3万円

購入後使える住居費 **12万円** － 新たにかかる費用 **3万円** ＝ 毎月返済額の目安 **9万円**

買った後にも
お金がかかるんだ

第3章 自分に合った返済方法を知ろう

➕ ワンポイント

将来の家計や貯蓄を予想するのに便利なのが、キャッシュフロー（現金収支）表です。無理のない返済プランかどうか確かめるためにも、ローン契約までに作成してみるとよいでしょう。

第3章　自分に合った返済方法を知ろう

住宅の買い時っていつ？

続く低金利や、住宅購入者に向けた税制の優遇制度や支援制度が使えることもあり、住宅購入を考える人が増えています。住宅は今、買い時なのでしょうか？

● 住宅の買い時を決める3つの要素

　住宅の買い時を決めるおもな要素には、「頭金の貯まり具合」「ライフプランから考えたタイミング」「経済環境や税制の優遇制度」の3つがあります。

　頭金については、理想的には、購入する物件の2割（154ページ）、諸費用を含めると3割程度の貯蓄を目安に考えます。ライフプランについては、結婚、転職、子どもの進学、定年退職を節目に考えますが、特に子どもの転校などについて配慮し、小学校入学までと考える家庭が多いようです。税制上の優遇制度とは、現在実施されているような住宅ローン減税や住宅取得のための贈与の非課税枠などが挙げられます。経済環境については、金利水準や物件の流通状況、価格帯の推移も影響しますし、景気回復が見えないと住宅購入のマインドが冷え込むといった影響もあります。

● 本当の買い時を見極めるには？

　これらの要素は、あくまでも判断の目安であり、3つ揃っていないからといって、購入をすすめないわけではありません。

　特に頭金に関しては、十分貯まるまで待つ間に金利が大きく上昇するかもしれないと予想するなら、**現在の低金利水準で購入した方が、結果的に総返済額を抑えられるかもしれません**。

　つまり、3つの要素を総合的に見て判断することが大切です。なかでも、経済環境や税制の優遇制度は、個人の事情とは無関係のところで決まるので、これらの様子を見て購入に踏み切る人が多くなっているのです。

住宅の買い時っていつ？

頭金と金利の違いによる住居費の比較

例 4,000万円の物件を2023年に購入した場合と、
5年後に頭金を300万円多く用意して購入した場合の比較

※金利は2023年を1.5％として、5年間で2.5％に上昇したと仮定

2023年10月に購入した場合

住宅ローンの種類	フラット35S
物件価格	4,000万円
頭金	200万円
融資額	3,800万円
金利	2023年〜2032年…1.25% 2033年以降…1.5%
購入時年齢	30歳
返済期間	30年
頭金+総返済額	4,832万円

当初10年間は金利が0.25％優遇（マイナス）される（126ページ）

完済するのは60歳

5年後（2028年）に頭金を300万円多く用意して購入した場合

住宅ローンの種類	フラット35S
物件価格	4,000万円
頭金	500万円
融資額	3,500万円
金利	2028年〜2037年…2.25% 2038年以降…2.5%
購入時年齢	35歳
返済期間	30年
頭金+総返済額	5,391万円

300万円アップ

当初10年間は金利がマイナス0.25％優遇される（同上）

完済するのは65歳に！

約559万円増えた！

📝 まとめ

スタートすれば長く付き合うことになる住宅ローンだからこそ、どのくらいの物件をどれくらいの融資額や条件で、いつ買うかの総合的な視点が必要です。

第3章 自分に合った返済方法を知ろう

第3章　自分に合った返済方法を知ろう

新築マンション購入にかかる3つのお金

新築マンションの購入にかかるお金は、「申込金」「手付金」「精算金」の大きく3つです。自己資金準備と深くかかわってくるので、支払う額とタイミングを把握しておきましょう。

● 買うと決めたら約10万円の申込金

　新築マンションを購入するときには、3つのタイミングで支払いが必要になります。

　まず、希望のマンションが見つかったら、購入の申し込みをします。**申し込みのときには、10万円程度の申込金が必要となります。**

　申込金は購入の意思を伝えるために支払いますが、この段階ではまだ購入が決定したわけではありません。マンションによっては先着順で購入できるところもありますが、大規模なマンションでは、一定の登録受付期間を設けているのが一般的です。この間に同じ物件に申し込んだ人が複数いる場合には、後日開催される抽選会で、購入者が決められることになります。もしも抽選に外れてしまった場合や、購入の意思がなくなってしまった場合は、申込金は返金されます。

● 契約をしたら約1割の手付金

　希望のマンションを買うことが決まったら、売買契約に移ります。

　売買契約のときには、宅地建物取引士から重要事項の説明を受け、売買契約書に署名・捺印をします。このときに、**契約をした証として、物件価格の1割程度の手付金を支払います。**

　手付金は、頭金の一部にあてられます。もしも手付金を支払った後に、契約者の都合で購入を取りやめたくなったときは、支払った手付金を放棄すれば契約を解除できます。また、手付金の2倍の金額を契約者に支払えば、販売会社側から契約を解除することもできます。

　住宅ローンの審査が通って、融資が実行されたら、残りの頭金とともに残金の精算を行います。

新築マンション購入にかかる3つのお金

マンション購入とお金の流れ

例 4,000万円のマンションを購入する場合

① 物件を決定

申込金　10万円

約10万円を支払う
マンションによっては、希望する部屋の抽選会が行われる

② 売買契約

手付金　400万円

物件価格の10％程度を支払う
重要事項の説明を受けて、売買契約書にサインをする

③ 引き渡し、融資実行

残金の精算　3,590万円

頭金と合わせて残債と諸費用を支払う
（申込金と手付金は頭金に充当される）

ここに注意

申込金の約10万円は購入のキャンセルをすれば戻ってきますが、契約締結時に支払う約1割の手付金はいったん払うと戻ってきません。相当な金額になるので契約は慎重に行いましょう。

第3章 自分に合った返済方法を知ろう

77

第3章　自分に合った返済方法を知ろう

注文住宅のお金の流れはちょっと複雑

注文住宅を建てるときには、マンションを購入するときとは違って、中間金の支払いが発生します。いつ、どんな名目でどのくらいのお金を支払うのかよく確認しておきましょう。

● 土地も含めてローンを借りるには注意が必要

注文住宅を建てる場合の大まかなスケジュールは、(1)建てる物件を決めて土地を購入、(2)建築請負契約、(3)竣工して引き渡し、という流れになっています。

そもそも住宅ローンは、住宅を建てるために借りるもの。土地を買うためには利用できないものもあります。**ローンに土地代を含めるなら、そうした対応ができるものを選ぶことが重要**です。場合によってはつなぎ融資（80ページ）が必要になるかもしれません。

土地が決まったら、設計事務所や工務店、住宅メーカーに設計や施工を依頼します。最初に支払う申込金は、マンションと同じく10万円程度。契約時に支払う手付金もマンションと同じく10％程度が一般的です。法律では、価格の20％が上限と決められています。

● 注文住宅では費用の一部を工事中に支払う

注文住宅の場合、**手付金を支払って工事がスタートした後、工事途中で中間金というお金を支払うことが一般的**です。完成品を購入するマンションや建売住宅と違って、注文住宅では建築資材や人件費などを工務店が立て替えてはくれません。そのため、工事が始まって1〜2カ月したころにその費用を先払いするのです。中間金を必要としない業者や、何度かに分けて請求する業者などもあるので、契約時には支払時期と金額を確認し、十分な資金計画を立てなければなりません。

無事に工事が終了すると、竣工時に精算金を支払います。一般的なローンでは、竣工時に住宅ローンの貸付が受けられることが多いため、残金の精算にはローンが利用できます。

注文住宅のお金の流れはちょっと複雑

注文住宅のお金の流れ

例 住宅価格2,000万円、土地価格1,500万円の住宅を購入する場合

① 建てる物件を決めて土地を購入

- **申込金　10万円**
  約10万円を支払う
  どのような物件を建てるのか決める

- **土地代金　1,500万円**
  土地の代金を支払う

② 建築請負契約

- **手付金　200万円**
  物件価格の10%程度を支払う
  （売り主が宅建業者の場合、20%が上限）
  建物を造ってもらうための建築請負契約を結ぶ

- **中間金　500万円（建築中に支払う）**
  資材費用、必要な材料の費用の一部など

③ 引き渡し、融資実行

- **残金の精算　1,290万円**
  住宅ローン融資の実行
  頭金の残りと諸費用を払う
  （申込金と手付金は頭金に充当される）

➕ ワンポイント

マンションなどに比べると、注文住宅では工事途中での支払いが多いもの。現金を多めに用意するか、土地や工事途中の支払いにも利用できるローンを探すなどの工夫が必要です。

第3章 自分に合った返済方法を知ろう

第3章　自分に合った返済方法を知ろう

融資が間に合わないならつなぎ融資

つなぎ融資は、引き渡しまでに融資の実行が間に合わない場合に、一時的に借りる短期ローンです。金利や手数料がかかるので、つなぎ融資が必要かどうか早めに確認しましょう。

● つなぎ融資はなぜ必要？

　住宅ローンを申し込んだ金融機関から、融資が下りるまでの間、一時的に借りる担保不要のローンのことをつなぎ融資といいます。

　財形住宅融資のような公的融資では、抵当権設定の登記などの後でなければ融資が実行されません。しかし、登記をするためには、融資を受けて残金を精算し、物件が引き渡されなければなりません。この矛盾を解決するために利用されるのがつなぎ融資です。

　民間の住宅ローンを利用する場合でも、**書類を提出するタイミングによっては、融資の実行まで日数がかかるために、物件の引き渡しに間に合わないことがあります**。このような場合にも、つなぎ融資が役立ちます。

　このほか、土地の購入代金の支払いや、建物の中間金の支払いなどで現金が不足するときに利用されることもあります。

● 日数は短くても費用はかかる

　つなぎ融資のお金が振り込まれたら、それを元にして物件の残金を決済します。その後、物件が引き渡されて登記を完了。融資が実行されたら、そのお金でつなぎ融資を返済します。

　つなぎ融資の借入期間は、一般的に数日から数カ月程度と短めです。しかし、**たとえ借入期間は短くても、つなぎ融資を利用するときには、融資手数料や印紙代、利用日数に応じた利息などがしっかりとかかります**。財形住宅融資を利用する場合、金融機関から直接不動産会社の口座に融資金を振り込んでもらう代理受領なら、つなぎ融資は不要です。こうした方法をうまく使えば、諸費用を抑えられます。

融資が間に合わないならつなぎ融資

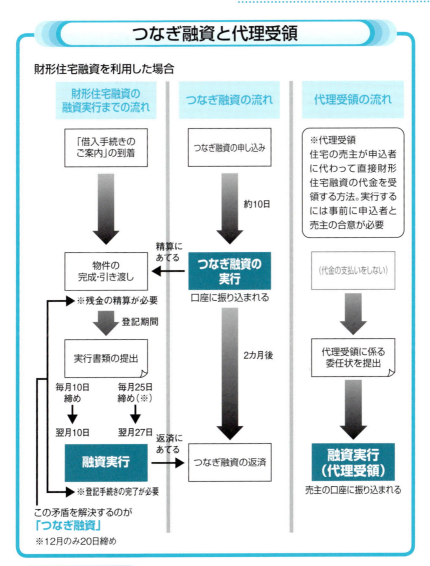

> ⚠️ **ここに注意**
>
> **つなぎ融資は利用する期間が短くてもそれなりに費用がかかります。3,000万円の融資を30日間受けた場合、諸費用と利息が20万円以上になることも。あらかじめ予算に入れておきましょう。**

第3章　自分に合った返済方法を知ろう

親から子へローンを引き継ぐ！

親子リレー返済は、リレー競走でバトンを渡すように、1つの住宅ローンを親子の間で引き継ぐ方法です。親と同居する家や2世帯住宅などを建てるときに向いています。

● 親子でローンをバトンタッチ！　親子リレー返済

　通常の住宅ローンでは、高齢になるとローンを借りにくくなります。

　フラット35の場合、70歳未満でないと融資を受けることができません。しかし、1つの住宅ローンを親子で引き継ぐ「親子リレー返済」なら、親が70歳を超えても融資を受けることができます。また、**親の年齢にかかわらず、子どもの年齢をもとに返済期間を計算できるので、長期のローンを組みやすくなります。**

　親が68歳10カ月、子どもが38歳5カ月のケースで考えてみましょう。親子リレー返済を利用しなければ、親が満80歳になるまでしか借りられず、約11年間で完済しなくてはなりません。しかし、親子リレー返済を利用すれば、子どもが80歳になるまで（ただし、最長35年間）ローンを借りられるため、多額の融資を受けやすくなります。

● 責任の所在をはっきりと

　親子リレー返済では、持ち分の割合や、親から子どもへローンを引き継ぐタイミングについてあいまいになりがちです。**後のトラブルを避けるためにも、契約当初に親子それぞれの返済負担額を決め、書面に残しておきましょう。**

　なお、トータルで子どもが出したお金に見合った持ち分になっていないと贈与税の対象となるので、事前に税務署へ確認しておくと安心です。団体信用生命保険（122ページ）については、親子の片方だけが加入する、半分ずつ加入するなど、金融機関によって取り扱いはさまざまです。民間の保険も利用して、どちらかに何かがあっても困らないよう備えましょう。

親から子へローンを引き継ぐ！

親子リレー返済のしくみ

父68歳10カ月時点でローンを借りると、約11年で完済しなければなりません

38歳の長男がローンを引き継ぐことで、35年返済も可能に！

● 後継者の条件（以下の要件をすべて満たす人）
・申し込んだ本人の子孫または配偶者で、定期的な収入がある人
・借入申込時の年齢が70歳未満の人
・連帯債務者（保証人）になれる人　　※フラット35の場合

● 親子リレー返済のメリット
・申込時に70歳以上の人でもローンの申し込みができる
・本人の年齢にかかわらず、後継者の年齢で返済期間を設定できる

ワンポイント

親子リレーという名前がついていますが、子どものほか、定期的な収入のある配偶者、子どもがいない場合には申込人の親族でもローンの後継者となれることがあります。

第3章　自分に合った返済方法を知ろう

夫婦や親子で手分けして借りる

1つのローンを親子の間で引き継ぐ親子リレー返済に対して、1つの物件の費用を支払うために家族の中で複数の人が別々にローンを借りる方法が家族ペアローンです。

● ローン契約が2つある

　親子リレー返済の場合には、最初に親がローンを返済し、それを子どもが引き継いで返済していきます。1つのローンを引き継ぐため、契約書は1枚です。

　一方、家族ペアローンでは、**家族の中で複数の人が別々に住宅ローンの申し込みをして、それぞれが返済をしていきます**。こちらは別々にローンを借りるため、契約書は2枚になります。

　家族ペアローンは、それぞれが現役で働いている親子や、共働き夫婦などにぴったりのローンです。ただし、どちらか一方が仕事を辞めてローンの返済ができなくなった場合に、相手のローンまで1人が払い続けると、贈与の問題が起きかねません。そうなる前に、登記の書き換えやローンの見直しをするようにしましょう。

● まとまった資金の融資を受けやすくなる効果も

　家族ペアローンを利用すれば、お互いの借入金額や毎月返済金額、持ち分などを明確にできます。これが後々のトラブルを生みにくくする、という点は大きなメリットでしょう。

　さらに、**ローンを2本別々に借りるので、親子リレー返済よりもまとまった資金の融資を受けやすくなります**。その上、ローン契約者がそれぞれ住宅ローン減税を利用できるので、場合によっては節税効果が大きくなるかもしれません。

　また、団体信用生命保険にもお互いが別々に加入できるので、どちらかに万が一のことがあっても残された人が相手のローンを引き継ぐ心配がありません。

夫婦や親子で手分けして借りる

家族ペアローンの特徴

例 4,000万円の家族ペアローンを利用する場合

2,000万円 / 2,000万円

合わせて4,000万円ね

2つの契約を別々にするよ

利用できる人	・同居または同居予定の親子または夫婦 ・一定以上の収入があり、一般の住宅ローンの契約条件を満たす人
契約書	2通。別々に契約をする
団体信用生命保険	ローン契約者がそれぞれ加入する
住宅ローン減税	ローン契約者がそれぞれ減税を受けられる

まとめ

夫婦や親子でそれぞれ定期収入があるなら、住宅ローンを2人で別々に借りるのも有効な作戦です。住宅ローン減税が2人分使え、節税効果がアップすることも期待できます。

コラム

ある日の相談から③

団体信用生命保険加入時には保険を見直して！

　Dさん（35歳）は昨年、3,500万円の住宅ローンを借りてマイホームを購入しました。その際に、団体信用生命保険に加入したので加入中の保険を見直せないか、と筆者のもとに相談にみえました。

　現在加入中の保険は、5年前に次男が生まれたときに見直したものです。Dさんにもしものことがあった場合は、4,000万円の保険金が一時金で支払われます。保険料は、毎月1万7,800円払っています。

　団信に加入したことで、もしもの時に住居費の心配をしなくてよくなりました。つまりその分、保障額を下げることができます。さらに、保険金が一時金で支払われるものでなく、毎月給料のように支払われるタイプの割安な保険に切り替えることをおすすめしました。

　変更後の保険料は3,800円です。差額の1万4,000円を毎月積み立てることにすると、3年後には約50万円のお金を貯めることができます。これを繰り上げ返済の費用にあてると、カットできる利息は55万円。保険を見直したことで、100万円も支出を抑えることができたのです。

第 4 章

保険、税金、保証料…
忘れがちな諸費用もチェック

5,000万円のマイホームは、5,000万円では買えません。保険や税金、保証料といった、物件価格以外の費用について説明します。

第4章　忘れがちな諸費用もチェック

諸費用は物件価格の1割を用意

マイホームを買うには、物件価格きっちりの予算では足りません。ローン保証料や税金、事務手数料など、さまざまな諸費用を払うためのお金も用意しておきましょう。

● 物件の代金以外にも費用がかかる

　マイホームを買うときには、物件の代金以外にも、税金や手数料などの諸費用がかかります。これらの費用のために準備すべきお金の目安は物件価格のおよそ3～6％。引っ越し代も含めると、物件価格の1割程度のお金が必要になってきます。まとまった出費になるので、頭金と合わせてあらかじめ用意しておかなくてはなりません。

　諸費用には、物件の購入にかかる費用とローン契約にかかわる費用があります。具体的にはローン保証料、事務手数料、登記費用、保険料、各種税金などが挙げられます。

● 諸費用を抑える方法は？

　必要になる諸費用やその払い方は、どんな住宅ローンを選ぶかによって変わります。**諸費用は、契約時に一時金でまとめて払うものが多いのですが、諸費用の種類によっては、金利に上乗せして払う方法が選べるローンもあります**。ここが住宅ローン選びを左右する重要なポイントになります。

　諸費用は工夫次第で減らすことができます。たとえば、フラット35や一部の民間ローンなど、ローン保証料がかからない住宅ローンがあります。また、住宅ローンを借りたら火災保険や生命保険に加入するのですが、保険料を負担しなくてよいローンもありますし、事務手数料の割引キャンペーンをやっていることもあります。

　事務手数料や登録免許税、登記手数料などは、ローン契約ごとにかかるので、金利ミックスプラン（56ページ）でローンを借りるとこれらの費用も倍かかります。**諸費用に限っていえばまとめて借りた方がお得です**。

諸費用は物件価格の1割を用意

マイホーム購入時にかかる諸費用

費用の名称	どんな費用？
ローン保証料	住宅ローンの申込時にローン保証会社に支払う費用
事務手数料	住宅ローンの申込時に借入先の金融機関に支払う費用
団体信用生命保険保険料	返済期間中のもしもの死亡や病気に備えて加入する生命保険の保険料。民間ローンの場合無料も多い
火災保険保険料	返済期間中のもしもの火災などに備えて加入する損害保険の保険料
地震保険保険料	返済期間中のもしもの地震に備えて加入する損害保険の保険料
印紙税	契約書を取り交わしたときに納める税金
登記費用	登記をしたときに納める登録免許税と、手続きを頼む司法書士の手数料
不動産取得税	不動産を取得したときに納める税金
消費税	不動産（土地は除く）を購入したときに納める税金
仲介手数料	物件を購入した際に、仲介業者に支払う費用
住宅ローン代行手数料	住宅ローンの手続きをしてもらった不動産会社に支払う費用
修繕積立一時金	将来的なマンションの修繕のために、購入時に支払う費用
水道分担金	新築住宅に水道を引くために自治体に支払う費用
調査費用	一戸建てを購入する際、検査機関に建物調査を依頼したときに支払う費用
適合証明書発行費用	フラット35の利用基準を満たしていることを証明する書類の発行費用

※各費用の金額は、購入する物件や借りる住宅ローンの種類によって異なります。

第4章 忘れがちな諸費用もチェック

➕ ワンポイント

家具や家電を買い替えたり、新居のカーテンやエアコンを取り付けたりする費用、引っ越し代なども考えると、物件価格の1割は諸費用分として用意しておきたいものです。

第4章　忘れがちな諸費用もチェック

諸費用のなかで割合が大きいローン保証料

ローンを返済できなくなったときに備えて、ローン保証会社に支払うお金がローン保証料です。マイホーム購入時にかかる諸費用のなかでも特に大きな割合を占めます。

● ローン保証料の形はさまざま

　ローン保証料は、連帯保証人を立てずに住宅ローンの申し込みをするときに、ローン保証会社に支払う費用です。
　ローン保証料の支払い方法には、大きく分けて一括前払い型と利息組み込み型の2つがあります。
　一括前払い型は、ローン契約時に保証料をまとめて支払う方法です。利息組み込み型は、ローン保証料をローンの金利に組み込んで支払う方法で、返済期間中、0.2％程度を金利に上乗せして払います。
　利息組み込み型は、一時金がかからないのがいいところですが、一括前払い型に比べて総返済額が多くなってしまうのが難点です。
　ローン保証料の金額は、金融機関がどこの保証会社を利用しているかや、融資額、返済年数、返済方式などによって変わります。また、一部には保証料無料のローンもあります。

● ローン保証料を払っても返済は免除されない

　万が一、ローンの返済ができなくなったときには、ローン契約者に代わって、保証会社が残債を支払ってくれます。しかし、返済が免除されるわけではありません。ローン保証会社は残債を一括返済した後、ローン契約者のもとに資金を回収しにきます。
　ここでお金が用意できなければ、住宅を競売や任意売却（218ページ）で処分して、返済を求められます。つまり、**ローン保証料は、ローン契約者のためというよりは、金融機関が資金回収上のリスクを負わないために支払っているもの**。その保証料をローン契約者が負担しているというわけです。

諸費用のなかで割合が大きいローン保証料

一括前払い型と利息組み込み型の違い

例 借入金額3,000万円、返済期間30年を
固定金利1.5%、元利均等返済で返す場合

● 一括前払い型（保証料外枠方式）

総返済額を
抑えられる

スタート時に諸費用として
保証料をまとめて支払う

保証料が融資額100万円あたり
1万9,137円とすると

保証料　57万4,110円

● 利息組み込み型（保証料内枠方式）

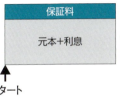

スタート時の諸費用負担を
軽くできる

保証料をローンの金利の中に
組み込んで分割で支払う

融資実行金利に0.2%上乗せとすると、
毎月返済額が2,903円増えるので

保証料　104万5,080円

一括前払い型　　　利息組み込み型
57万4,110円　＜　104万5,080円

47万970円
の差額

ローン保証料の支払い方法の違いで
保証料の総額は大きく変わる

＋ワンポイント

フラット35や財形住宅融資、一部民間の金融機関では、ローン保証料の支払いが不要です。諸費用を軽減したければ、このようなローン保証料がかからないタイプを選ぶのも1つの方法です。

第4章　忘れがちな諸費用もチェック

第4章　忘れがちな諸費用もチェック

住宅ローンの手続きにかかる手数料

住宅ローンの手続きにかかるのが、事務手数料や住宅ローン代行手数料です。支払う金融機関や不動産会社によって費用に差があるので、事前によく確認するのがおすすめです。

● 金融機関に払う事務手数料

事務手数料には、契約時に3万～5万円程度を定額で払うものと、融資額の1～2％といったように、融資額に応じて支払うものの2パターンがあります。

前者の場合はわかりやすいのですが、注意したいのは後者の場合。たとえば、融資額3,000万円、事務手数料のレートが2.2％なら、**事務手数料は66万円と思いのほか高額**になります。

フラット35は、取り扱いのある金融機関によって手数料が異なります。支払う事務手数料などを金利負担に換算して融資金利と合計したものを実質金利といいます。**住宅ローンは、単純に融資金利で比較するのではなく、実質金利で選ぶ必要があるでしょう。**

● 保証料と事務手数料

ネット系の住宅ローンを中心に、保証料を無料にする金融機関が増えてきました。しかしそうしたローンでは、住宅ローンの事務手数料が一括払いで、融資金額の2％前後と高額になっていることが一般的で、結果的には同程度の負担になることが多くなります。

借り換えをする場合、事務手数料として払ったお金が戻ることはありませんが、残債に応じて保証料は戻ってくることがあります。また繰り上げ返済で保証料が返金されるケースもあります。つまり借り換えや繰り上げをする人は、保証料で負担した方がお得になりますが、金融機関側から見れば、逆に事務手数料でもらう方がよいことに。こうした事情を背景に、保証料を無料にして事務手数料をもらう形式が増えているのかもしれません。

住宅ローンの手続きにかかる手数料

フラット35の事務手数料例

例 借入金額3,000万円、返済期間30年を元利均等返済で返す場合

● **パターン1　金利が高く、事務手数料が安いタイプ**

金利	1.32%
事務手数料	定額 ＝ 3万3,000円

総返済額（事務手数料含む）	3,638万円
実質金利	**1.327%**

> スタート時の諸費用負担が軽い

● **パターン2　金利が低く、事務手数料が高いタイプ**

金利	1.10%
事務手数料	融資額×1.62% ＝ 48万6,000円

総返済額（事務手数料含む）	3,572万円
実質金利	**1.197%**

> 総返済額が少なくて済む

ほかの住宅ローンと比較するときには、実質金利を比較する
※実質金利…事務手数料などもすべて金利に換算した場合の金利

条件の違うローンは、実質金利で比較しなければわからない

⚠ ここに注意

フラット35の事務手数料と金利には関係があります。事務手数料が高めなら金利が低めに設定され、事務手数料が低めなら金利が高めに設定される傾向があります。

第4章　忘れがちな諸費用もチェック

火災保険では水濡れや盗難にも備えたい

住宅ローンを契約したら、火災保険に加入しましょう。万が一火災にあって家を失ったときに、ローンだけが残るのを避けるためです。保険料は補償内容によってもさまざまです。

● 火災保険は自分で選択を

　住宅ローンを契約すると、同時に火災保険への加入をすすめられることがあります。できれば複数の損害保険会社の保険を見比べて、自分にあったプランを選びたいところです。

　比較のポイントは、補償内容と価格。**火災に対する補償中心のシンプルなタイプと、水漏れや盗難など広範囲の補償を付けているタイプでは、保険料に差がつきます**。また、同じ補償内容でも、保険会社によっては各種割引制度がある場合もあります。

　火災保険は、建物の消耗分が補償から差し引かれる時価契約が一般的です。しかし、それでは同程度の建物を再び建てようと思ったときに補償が不足してしまいます。保険料は別途必要ですが、再調達価額で契約しておくと、建物の再建費用が補償されます。

● 火災保険で補償されるもの

　火災保険は、その補償の範囲で大きく3つに分けられます。

　火災保険は、補償内容を絞っていて保険料も安い保険。火災や落雷、ガスなどによる破裂や爆発、風・ひょう・雪などによる窓ガラスや屋根の破損などが一定金額までカバーできます。

　これに、自動車の衝突事故や、給排水設備の事故による水濡れ、盗難、水害などに対する補償を上乗せしたのが**住宅総合保険（すまいの保険）**です。幅広いトラブルに備えるために、この程度はできれば準備しておきたいところです。各損害保険会社では、さらに家財補償やその他の補償を工夫した**新型火災保険**も用意しています。なお、高まる自然災害リスクに、火災保険料は値上げ傾向が続いています。

火災保険では水濡れや盗難にも備えたい

火災保険の種類と補償の範囲

ワンポイント

続く天候不順で損害保険会社が長期契約のリスクを避けるようになったため、現在は新規加入の火災保険は最長でも5年の一括の契約しか結べません。

第4章　忘れがちな諸費用もチェック

地震による火災は地震保険でカバー

未曾有の被害をもたらした東日本大震災や2018年の北海道地震など頻発する大地震により、地震保険に対する注目は高まっています。地震保険は必ず火災保険とセットで加入します。

● 地震保険は火災保険とセット加入

　地震保険は、地震や噴火による火災や津波、損壊などの被害を補償する地震専用の保険です。通常**火災保険に加入していても、地震を原因とする火災には保険金が支払われない**のです。

　地震保険は、必ず火災保険とセットで加入するもので、単独で地震保険だけに入ることはできません。すでに火災保険に加入している人が、後から追加で地震保険に加入することはできます。

　地震保険の契約金額は、火災保険の30〜50％までとなっています。そのため、最大でも建物の半額程度（建物は5,000万円、家財は1,000万円が限度）までしか補償されません。実際の支払いは損害の程度によって異なります。2017年1月より、地震による損害は「全損」「大半損」「小半損」「一部損」にランクづけされ、それぞれ契約金額の100％、60％、30％、5％が支払われるようになっています。

● 3度値上げされた地震保険

　地震保険の保険料は、建物の構造と所在地で決まります。

　地震が多い土地や、大きな地震があると大災害が起こると予想される地域では、保険料が高くなり、**同じ構造の建物であっても、所在地の違いによって、保険料には最大約3倍の違いがあります**。

　地震保険の保険料は、2022年10月に改定され全国的には値下げとなりましたが、一部都道府県では大幅に値上げされました。

　なお、地震保険料控除の制度を利用すれば、税金の還付が受けられます。所得税で最大5万円、住民税で最大2万5,000円を、総所得金額から差し引くことができます。

地震による火災は地震保険でカバー

地震保険の保険料例

例 契約金額100万円、保険期間1年あたりの保険料
建物、家財が対象の保険

北海道
イ構造 … 730円
ロ構造 … 1,120円

鳥取
イ構造 … 730円
ロ構造 … 1,120円

新潟
イ構造 … 730円
ロ構造 … 1,120円

福岡
イ構造 … 730円
ロ構造 … 1,120円

徳島
イ構造 … 2,300円
ロ構造 … 4,110円

東京
イ構造 … 2,750円
ロ構造 … 4,110円

大阪
イ構造 … 1,160円
ロ構造 … 1,950円

愛知
イ構造 … 1,160円
ロ構造 … 1,950円

※保険料は都道府県によって異なる
※建物の建築年や耐震性能により、10〜50%の割引が適用されることがある
※イ構造、ロ構造は、コンクリート造、木造など建物の種類や耐火性能に基づいた火災保険の分類
　を基準にして決められる
※1981年6月以降に建築された建物には「建築年割引」、一定の耐震・免震基準を満たした建物に
　は「耐震診断割引」「耐震等級割引」「免震建築物割引」がある

第**4**章 忘れがちな諸費用もチェック

➕ ワンポイント

**一般に地震保険は火災保険金の最大50%までし
か契約できませんが、損害保険会社独自の補償
で上乗せ保険金が支払われ、100%にできる特
約を取り扱う会社もあります。**

第4章　忘れがちな諸費用もチェック

もしもの災害リスクから住まいを守る

大規模な自然災害で家を失うニュースが後を絶ちません。もしも地震や津波で家がなくなってしまったら…そんな万が一に備える保険が登場しました。

● 二重ローンにならないために

　地震や台風などの自然災害は、誰も予見することができず、避けることはできません。万が一大規模な災害に見舞われて、住宅ローンを返済中の家が壊れてしまったら、経済的にも精神的にも大きなダメージを受けるでしょう。たとえ災害で家を失ってしまっても、ローンの返済は残ります。生活再建のため新しい家を購入すると二重のローンを背負うことになってしまいます。そんなもしもを防ぐために登場したのが、自然災害をカバーする保険です。

　特に、地震に対しては、火災保険とセットで加入する**地震保険（96ページ）**に加入していても、損害額の全額はカバーできないので、あわせてこうした保険に入っておくと安心です。

● 補償内容は2パターンある

　災害に備える保険には、残債が補償されるタイプと返済額が補償されるタイプの2つがあります。残債補償タイプは、万が一地震や津波、噴火などで家が全壊した場合に、ローン残高の建物割合分の50%相当額を免除してくれます。

　一方、返済補償タイプでは、全壊・大規模半壊・半壊の3段階の自宅の損害程度に応じて、すでに支払い済みの毎月返済額が数カ月から数年分返金されます。毎月のローン返済がなくなるわけではありませんが、戻ってきたお金で当面のローンを払ったり、生活を立て直す費用に使ったりすることができます。対象となる自然災害は残債補償タイプより幅広く、地震や津波のほかに、水害や風害、落雷などによって罹災した場合も含まれます。

もしもの災害リスクから住まいを守る

地震保険と災害補償保険で万が一の地震に備える

地震・津波・噴火による家の全壊

地震保険 ＋ 自然災害に備える保険

保険料：火災保険と一緒に契約して払う（97ページ参照）

保険料：建物部分の住宅ローンに金利0.3～0.5％程度上乗せして契約して払う

全壊でも火災保険金額の50％までしか補償されない

住宅ローン残高の建物割合分の50％相当額が免除される（残債補償タイプ）

罹災した家のローンはなくなったので、生活の再建が考えやすい

➕ ワンポイント

住宅購入時には所在地の自治体などが公表している災害ハザードマップを確認し、リスクが高い地域に購入を検討する際はこうした保険を検討するとよいでしょう。

第4章 忘れがちな諸費用もチェック

第4章　忘れがちな諸費用もチェック

住宅購入にかかる税金（1）

マイホームの購入では、いくつかのタイミングで税金を払います。契約書に印紙を貼ることで納めるのが印紙税で、所有権の登記をするときに納めるのが登録免許税です。

● 契約時にかかる印紙税

住宅を購入するにあたっては、実にさまざまな契約を結びます。具体的には、土地や家を買うときに結ぶ売買契約、家を建てるときに結ぶ工事請負契約、金融機関などで住宅ローンを利用するときに結ぶ金銭消費貸借契約などがあります。

こうした契約をするときには、契約書を作成します。**契約書には、1通ごとに印紙を貼ることが法律で義務付けられています**。また、契約の種類や取引金額によって貼るべき印紙の金額も細かく定められています。

たとえば、住宅ローンを3,000万円借りる契約をするときには、契約書1通につき2万円の印紙を貼ります。**契約の当事者がお互いに契約書を保管するため、契約書は2通作成することになっています**。

● 登記でかかる登録免許税

マイホームは、残金の精算が終わって、引き渡しを受けただけでは、自分のものになったとはいえません。**その土地や建物の所有者が誰であるかを明確にするためには、所有権の登記をする必要があります**。

登録免許税は、不動産の登記をするときにかかる税金です。登録免許税の税率は登記の種類によって異なります。同じように家を買っても、新築の場合は所有権の保存登記を、中古物件や土地だけを買った場合には以前の所有者からの所有権の移転登記を行います。

登記は自分でもすることができますが、司法書士へ依頼するのが一般的です。司法書士には10万円前後の報酬と、登録免許税をまとめて支払います。

住宅購入にかかる税金（1）

住宅購入の際に行う登記の種類

● 登記の名称と税率

一般住宅の場合

登記の名称	どんな登記?	登録免許税の税率（本則）	登録免許税の税率（特例）※1
所有権保存登記	家を新築した際に行う登記	0.4%	0.15%
所有権移転登記	建売やマンション、中古住宅などを購入した際に行う登記	建物 2%	0.3%※2
		土地 2%	1.5%※3
抵当権設定登記	住宅ローンを借りるときに、借り先の金融機関が担保を設定するための登記	0.4%	0.1%

※1　2024年3月31日までの措置として、一定の条件を満たせば、登録免許税が軽減される
※2　業者が買い取ってリフォームをした中古物件を個人が購入する際、一定の基準を満たせば0.1%
※3　ただし、土地の所有権移転登記については、2026年3月31日までの措置

● 新築物件を購入したときの登記費用（2023年）

例　物件価格3,600万円（土地1,800万円、建物1,800万円）のマンションを借入金額3,000万円で購入した場合。固定資産税評価額は、土地・建物それぞれ購入価格の60%とする

司法書士の手数料		10万円
登録免許税	建物の固定資産税評価額1,080万円×0.3%	3万2,400円
	土地の固定資産税評価額1,080万円×1.5%	16万2,000円
	借入金額3,000万円×0.1%	3万円
合計		32万4,400円

➕ ワンポイント

長期優良住宅の登録免許税は、2024年3月末まで、所有権の保存登記なら0.1%、移転登記なら0.2%（戸建ての場合）と、通常よりも低い税率が適用されます。

第4章　忘れがちな諸費用もチェック

住宅購入にかかる税金（2）

不動産を買ったりもらったりしたときに納めるのが、不動産取得税です。現在は、いくつかの優遇制度によって通常よりも軽減されていることを知っておきましょう。

● 不動産取得時にかかる不動産取得税

　土地や建物を購入したり、家屋を建築したり、贈与などで土地や建物を取得したりしたときに納めるのが、不動産取得税です。不動産取得税は、取得したタイミングで納めるべきもので、登記をしたかどうかは関係ありません。

　納税額は、「取得した不動産の価格（課税標準額）×税率」で計算します。ここでいう不動産の価格とは、原則として固定資産課税台帳に登録されている価格を指します。**実際の購入金額や建築工事費とは異なる**ので注意しましょう。

　なお、宅地については、2024年3月31日までに新築した場合、固定資産税評価額が2分の1に軽減されます。

● ただ今、軽減税率適用中

　不動産取得税の税率は本来4％ですが、2024年3月31日までに土地や住宅を取得した場合には、税率が3％に優遇されます。

　さらに、新築住宅の場合には、床面積が50㎡以上あるなどの一定の条件を満たした場合には、不動産の評価額から1,200万円（長期優良住宅では1,300万円）を控除することができます。つまり、**評価額が1,200万円（長期優良住宅では1,300万円）以下の場合には、課税されない**わけです。

　所定の期間内に申告しないと税額の軽減が受けられないので、不動産を取得したら速やかに手続きをしましょう。後日郵送で納税通知書が届きます。役所の窓口や、銀行・郵便局の窓口、コンビニエンスストアなどでも納税することができます。

住宅購入にかかる税金（2）

新築住宅を購入したときの不動産取得税

●不動産取得税の計算式

原則 建物の固定資産税評価額 ×**4**%

軽減措置 建物の固定資産税評価額 ×**3**% ※2024年3月31日までに取得した場合

さらに、床面積が50m²以上240m²以下の場合…

（建物の固定資産税評価額 − 1,200万円）×**3**%

控除できる！

例 物件価格3,600万円（土地1,800万円、建物1,800万円）の一戸建てを購入した場合の建物の不動産取得税
固定資産税評価額は、購入価格の60％とする

（建物の固定資産税評価額 1,080万円 − 1,200万円）×**3**% = **0円**

大型の控除があるから、結果として税金がかからない場合も多いんだ

※土地については別途計算が必要

⚠ ここに注意

不動産取得税の軽減税率を受けるための手続きは、都道府県ごとに異なります。せっかくの軽減措置を確実に使うためにも、期日や必要書類は、あらかじめ確認しておきましょう。

第4章 忘れがちな諸費用もチェック

第4章　忘れがちな諸費用もチェック

中古物件にかかる諸費用

中古物件を購入するときに仲介業者に支払うことになるのが、仲介手数料です。100万円近くかかることもあります。新築に比べて、諸費用の予算は多めに準備しておくとよいでしょう。

●中古物件の売買にかかる仲介手数料

　新築より2～3割は安く買える割安感から、最近は、中古住宅や中古マンションが人気となっています。しかし、諸費用に関しては中古ならではの費用がかかることがあります。

　その代表例が仲介手数料。仲介手数料は、物件を斡旋してくれた仲介業者に払う手数料です。

　仲介手数料の計算方法は、国土交通省の告示によって「（売買価格×3％＋6万円）＋消費税」（物件価格が400万円超の場合）と決められています。しかし、この金額はあくまでも仲介手数料の上限。最近は、仲介手数料を割り引いたり、無料にしたりする業者もでてきました。運よくこうした物件の中にお気に入りの物件が見つかればよいのですが、そうでない場合は、100万円前後の手数料がかかることを覚悟しておく必要があります。

●中古では税金の優遇が受けられないことも

　中古物件の場合は、税金面での優遇に影響が出ることがあります。103ページの例でも示したとおり、不動産取得税を計算する際、新築の一般住宅なら1,200万円の控除が使えるため、税額を減らしたり、なしにできたりします。ところが中古住宅の場合は築年数に応じて控除額が減額されるため、その分税負担が大きくなってしまいます。

　住宅ローン控除については適用基準が緩和されています。中古住宅の場合、以前は築年条件を満たさない場合は別に耐震性能を有していることを証明する必要がありましたが、1982年以降に建築された住宅（新耐震基準適合住宅）であれば、一律に控除の対象になります。

中古物件にかかる諸費用

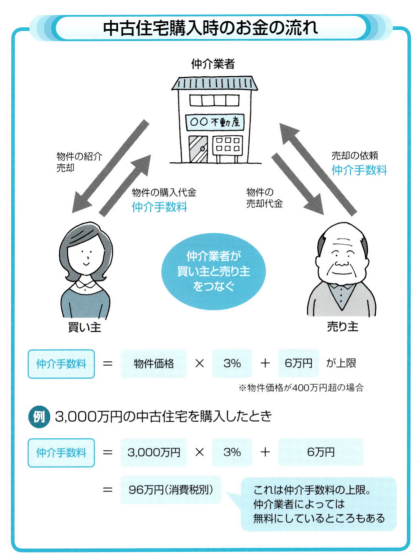

> **まとめ**
>
> 仲介手数料やリフォーム費用など、中古物件ならではの費用があります。安さが魅力の中古物件ですが、トータルでいくらかかるのか見積もることが大切です。

第4章　忘れがちな諸費用もチェック

マンションと一戸建ての諸費用

マンション購入時に払う修繕積立金や、一戸建て購入時に払う水道分担金・調査費用などのように、購入する物件によって、数万～十数万円単位で必要になる費用があります。

● マンション購入時にかかる諸費用

　新築マンションを購入するときには、将来的にマンションの大規模な修繕をするために用いる修繕積立金の負担を求められることがあります。**修繕積立金はマンションの所有者が共同で負担する決まり**になっています。金額は数万～十数万円、多くは毎月積み立てで徴収されます。修繕計画によっては入居時や数年に一度、毎月の積立額とは別に一時金で払う規定になっている場合があります。これを修繕積立一時金といいます。

　修繕積立金や修繕積立一時金に関する規定は、マンションごとに違います。購入前に必ず確認するようにしましょう。

● 一戸建て購入時にかかる諸費用

　マンションだけでなく、**一戸建ての購入に特有の費用もあります**。
　たとえば、水道分担金。これは、新築一戸建てを購入して新しく水道を引く際に自治体に支払う費用です。金額の目安は、10万～30万円。自治体によっても違うので、事前に確認するとよいでしょう。
　注文住宅を建てる際に、建物の安全性を確かめるため、検査機関による調査を依頼する場合は、その費用も必要です。
　以前は、不動産会社や工務店が依頼して行うケースがほとんどでした。しかし最近は、買い主自らが費用を負担して、より信頼できる調査を行う傾向が見られます。必要になる金額は、調査内容などにもよりますが、40万～70万円かかることもあります。
　また、工事の無事を祈る地鎮祭や、建物の基礎が完成したことを祝う上棟式といった、伝統的な行事にも費用がかかります。

マンションと一戸建ての諸費用

一戸建て特有の諸費用

水道分担金

新しく水道を引くために必要になる費用

10万〜30万円

建物調査費用

専門の機関に建物の安全性を確かめてもらうための費用

1回5万〜15万円
（複数回行うこともある）

地鎮祭費用

地鎮祭にかかる費用

4万〜5万円

上棟費用

上棟式の際にかかる祝儀、料理、おみやげなどの費用

10万〜30万円

第4章 忘れがちな諸費用もチェック

まとめ

一戸建てを買うか、マンションを買うかで負担する諸費用が変わります。購入するときには、その物件に対してどんな費用がかかるか、あらかじめ確認することが大切です。

第4章　忘れがちな諸費用もチェック

諸費用ローンなら貯蓄0でも家が買える?

「貯蓄はほとんどないけれど、今すぐマイホームが欲しい」そんなときに使えるのが諸費用ローンです。一見便利そうですが、安易に使うのは考えもの。その理由を確認しておきましょう。

● 諸費用もローンで対応できる

　マイホーム購入時にかかる諸費用を払うために利用できるローンが諸費用ローンです。**諸費用ローンで借りたお金は、保証料、保険料、登記費用、税金などの諸費用はもちろん、引っ越し代金や家具の購入費用にもあてることができます。**

　借りられる金額は、金融機関によっても違うのですが、物件価格の1割以内としているところが多いようです。

　諸費用ローンは、住宅ローンを借りた金融機関で申し込みます。返済期間や金利タイプなどは、住宅ローンとは関係なく選ぶことができます。

● 余分な出費は確実に増える

　一見便利に見える諸費用ローンですが、当然**住宅ローン同様に審査があります**。これに通らなければ、借りられません。たとえば、住宅ローンの返済額に諸費用ローンの返済額を合わせて計算した返済負担率が金融機関の定める基準を超えてしまった場合には借りることができないのです。

　融資手数料やローン保証料など、諸費用ローンを借りるための諸費用がかかることも忘れてはいけません。もちろん金利も負担するわけですし、諸費用をローンで準備することで、余分な出費は確実に増えます。

　そもそも、**諸費用分のお金すら準備できない家計では、住宅ローンの返済が滞りなくできるか不安**です。そのような家計の体質を考えると、安易な利用は避けた方がいいでしょう。

諸費用ローンなら貯蓄0でも家が買える？

住宅ローンと諸費用ローンの使い道の違い

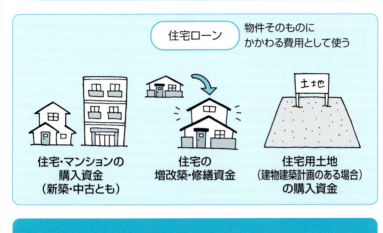

※りそな銀行の場合をもとに作成

> **！ここに注意**
>
> **諸費用ローンを利用すれば、貯蓄がほとんどなくても住宅が購入できます。しかし、購入後にローンの返済が滞りなくできるかどうか、十分な試算をしておくことが重要です。**

コラム あるの相談から④

住宅ローン減税を活用して金利負担を減らす！

　Eさん夫婦（共に41歳）は今年4,500万円のマンションを買う予定です。今までコツコツ貯めてきた貯蓄があるので、頭金を1,000万円入れて、ローンは3,500万円借りようと思っています。

　Eさん夫婦のように、40歳を超えてから住宅ローンを借りる場合、20代や30代で購入する人に比べてどうしても返済期間が短くなるため、多く借りすぎるのはあまりおすすめできません。子どもの教育費もかかるので、頭金を多めに入れて毎月返済額を減らせれば、その分家計も楽になるでしょう。しかし、史上最低の借入金利が続く一方で、大型の住宅ローン減税が使える状況をうまく利用すれば、いったん多めに借りてゆっくり返していくのもひとつの方法です。変動金利や短期固定金利0.7％以下で借りている人が、年末の住宅ローン残高の0.7％の税金を還付してもらえば、実質的な金利負担がなくなるからです。しかも、保険料負担のない疾病保障付き団信が使える住宅ローンを利用すれば、保険料を払うことなく、万が一の死亡や大病に備えることができます。Eさん夫婦も子どもがまだ3歳と小さく、大型の保障が持てるのも魅力と考え、諸費用のみ貯蓄から払い、あとは借りることにしました。最初は返済期間35年で借り、住宅ローン減税が使えなくなったら繰り上げ返済する計画を立てています。

第5章

フラット35、民間ローン、公的ローン…
一番トクする住宅ローンの選び方

住宅ローンは、フラット35、民間ローン、公的ローンに大別できます。本章では、そのしくみやメリット、デメリットを紹介します。

第5章　一番トクする住宅ローンの選び方

フラット35と民間ローン

住宅金融支援機構と民間金融機関が手を結んだフラット35と、バリエーション豊かな民間ローン。まずは住宅ローンの2大勢力ともいうべき2つのローンの概要をとらえましょう。

● フラット35は住宅ローンの横綱的存在

かつての公庫融資が姿を消し、代わって登場したのが、フラット35です。フラット35は、住宅金融支援機構が民間金融機関などと協力し、2003年に誕生した住宅ローンです。**フラット35は、スタート時に全返済期間の金利と返済額が確定します**。この特徴が支持され、瞬く間に広まりました。

フラット35は、銀行、信用金庫、信用組合などの金融機関のほか、ノンバンクなど、幅広い窓口で取り扱いがあります。

公的ローンの代表的存在のようなイメージのあるフラット35ですが、実は広い意味では民間ローン。現在、利用できる公的ローンといえば、財形住宅融資（132ページ）のみになっています。

● 魅力ある民間ローンが続々登場

銀行、信用組合、ノンバンク、保険会社などが扱う、フラット35以外の住宅ローンを指して民間ローンといいます。

以前は、民間ローンは公的ローンより金利が高めだったため、まずは公的ローンを検討する人が大多数でした。民間ローンは、公的ローンを借りられない人やそれだけでは足りない人の受け皿として利用されていたのです。

しかし規制緩和が進んだこと、**金融機関が個人向けの融資に力を入れ始めたこと、公的ローンが縮小の方向に進んだことなどを背景に、民間ローンの利用度はますます高まっています**。各金融機関とも競い合って金利設定を低めにしたり、一部の手数料を無料化したりして、個性ある住宅ローンを取り扱っています。

フラット35と民間ローン

フラット35（買取型）のしくみ

借り主 → 適合証明機関
物件検査申請

適合証明書交付

フラット35の基準をクリアしています

①フラット35の申し込み
②フラット35の資金受け取り
⑧元利金返済

住宅金融支援機構が中心となって資金の調達・提供を行っています

金融機関

③住宅ローン債権譲渡
⑦買取代金支払い
⑨回収金引き渡し

資金の提供

住宅金融支援機構

資金の調達

⑤MBS（不動産ローンが担保の債券）発行
⑥MBS発行代金
⑩MBSの元利金支払
④住宅ローン債権信託

⑤（MBS）の担保

投資家

信託銀行等

住宅金融支援機構HPより作成

第5章 一番トクする住宅ローンの選び方

⊕ ワンポイント

長引く低金利水準に変動金利の利用者が増え続けていましたが、金利上昇の兆しから、再び長期固定金利への関心が高まっています。

113

第5章　一番トクする住宅ローンの選び方

フラット35のバリエーション

2007年、住宅金融公庫は、独立行政法人住宅金融支援機構に生まれ変わりました。この流れのなかで登場し、住宅ローンの代表的存在となったのがフラット35です。

● 進化するフラット35

2003年に登場したフラット35。長期固定の安心感もさることながら、**時代のニーズに応えた商品改善や、取り扱いの条件変更などを繰り返し**、そのシェアを伸ばしてきました。ローンの借り換えやリフォームの際にも利用できるようになりましたし、2014年2月24日以後の資金受け取り分からは再び融資限度額が物件価格の100％まで引き上げられました。こうした効果が大きいと考えられます（125ページ）。

機構の基準を満たす質の高い住宅について借入当初5年または10年間、金利の引き下げを受けられるフラット35Ｓ、長期優良住宅について最長50年の住宅ローンを借りられるフラット50、フラット35と「固定金利期間選択型」や「変動金利型」の住宅ローンを組み合わせられるフラット35パッケージなども登場し、**ますますバリエーションが豊富**になりました。

● 金利の低い「保証型」も選択できる

もともとフラット35には、「買取型」と「保証型」の2つのタイプがありましたが、「保証型」を取り扱う金融機関はたいへん少なく、そのほとんどが、「買取型」でした。しかし、近年一部金融機関で「保証型」の商品化に力を入れるようになり、利用の幅が広がりました。「保証型」の魅力は、その金利の低さにあります。頭金の割合を高めたり、年収に対する年間返済額の基準を厳しくしたりすることで、「買取型」より、0.1～0.2％程度低い金利を設定しています。使える金融機関はまだ一部ですが、長期固定金利をより低い金利で利用できる選択肢が増えたことは、フラット35の魅力度アップに貢献しています。

フラット35のバリエーション

フラット35とフラット35（保証型）の主な相違点

	フラット35	フラット35（保証型）
ローンの貸し手	金融機関 ただし、利用者の住宅ローンは、融資後に住宅金融支援機構が「買い取る」	金融機関
取り扱っている金融機関数	319機関	11機関 このうち、2023年5月現在、新規受け付けを行っているのは9機関
担保	借入対象となる住宅とその敷地に、住宅金融支援機構を抵当権者とする第1順位の抵当権を設定する	借入対象となる住宅とその敷地に、金融機関を抵当権者とする第1順位の抵当権を設定する
団信 （団体信用生命保険）	新機構団信を利用できる	金融機関が提供する団信を利用できる（金融機関によって商品は異なる） ※新機構団信は利用できない

買取型のフラット35の利用条件（125ページ）よりも厳しくなっている

フラット35（保証型）融資条件の一例

	融資の比率	返済負担率※
商品A	住宅購入価額の8割以下 （残りの2割は手持金）	30％以内…年収400万円未満 35％以内…年収400万円以上
商品B	住宅購入価額の9割以下 （残りの1割は手持金）	20％以内

※返済負担率＝住宅ローンを含む年間の合計返済額÷年収

➕ ワンポイント

ひと口にフラット35といっても、物件の性能や融資条件によって、利用できるローンは複雑に分かれます。住宅メーカーや不動産仲介業者に利用できるタイプを確認してみましょう。

第5章　一番トクする住宅ローンの選び方

● 多彩な返済計画を応援するダブルフラット登場

全期間固定金利で住宅ローンが利用できるフラット35は、返済途中で、毎月返済金額が変わる心配がないので、将来にわたるマネープランが立てやすいのが魅力です。しかし、裏を返せば、「子どもの教育費が増えるまでは多めに返したい」というようなライフプランに応じたきめ細かな返済プランを考えるには向いていないともいえます。

そこで、**より柔軟な返済計画を作成できるようになったのが「ダブルフラット」**です。

ダブルフラットとは、その名の通り2つのフラットを組み合わせて利用する方法です。通常のフラット35と、返済期間を15年以上20年以下にすることでフラット35に比べて安い金利で利用できるフラット20を組み合わせて使えます。

金利の低いフラット20を組み合わせることや、はじめに多めに返済していくことで、総返済額をぐっと抑えることができます。

たとえば、「子どもが大学生になると学費がたいへんだけど、それまではできるだけ多く返しておきたい」という人には、フラット35にフラット20を組み合わせたプランがオススメです。

● より質の高い住宅の取得を応援する形に

フラット35は一定の基準をクリアした物件が利用できるローンですが、2022年にはその利用基準が見直され、一層質の高い住宅の取得を応援できるような変更が相次いで行われました。

管理計画についてお墨付きを受けたマンションや長期優良住宅など住宅の質の担保について、6項目の利用条件のいずれかに該当した住宅が利用できる【フラット35】維持保全型がスタートしました。当初5年0.25％の金利引き下げが受けられます。

2022年10月借入申込受付分からは、13ページで紹介したＺＥＨ水準をクリアした住宅が対象の【フラット35】Ｓ（ＺＥＨ）がスタートし、さらに2023年4月申請分からは、すべての新築住宅に対してフラット35適用の省エネ技術基準が引き上げられました。

フラット35のバリエーション

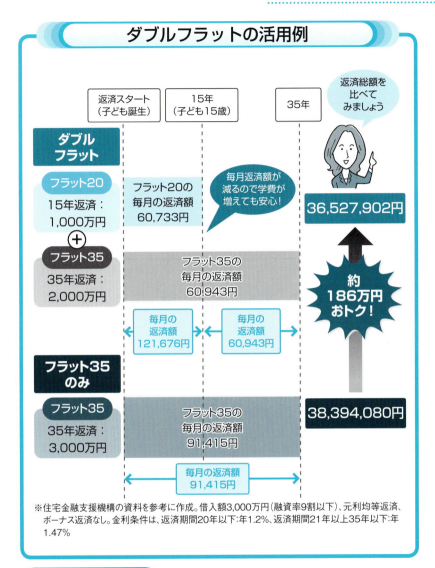

ワンポイント

フラット35を借り換えで利用する場合、長期優良住宅なら返済期間が最大、50年から借り換え前のローンの経過期間を引いた年数まで延長できるようになりました。

第5章　一番トクする住宅ローンの選び方

フラット35のメリット

最長35年の長期間固定金利・繰り上げ返済手数料無料・保証料不要・借り換えにも対応…フラット35ならではのメリットを押さえておきましょう。

● 長期固定で返済額が変わらない

　フラット35は、長期間の固定金利となっています。借り入れている全期間が固定されているタイプが一般的ですが、借り入れから5年もしくは10年が経過した時点で金利が変更になる2段階固定のタイプもあります。いずれも、契約の時点で返済額が確定するので、返済計画が立てやすいのが魅力です。

　フラット35の適用金利は、窓口になる金融機関によって異なります。住宅金融支援機構のホームページにある「金利情報」では、物件のある地域で利用できるフラット35の金利や手数料が、金融機関ごとに比較できます。金利は返済期間が20年までの場合、20年超より低く設定されています。また、融資比率が90％以下の場合、90％超より低く設定されています。

● 物件にお墨つきがもらえる

　フラット35を利用するには、**融資の対象となる物件が、機構の定める基準をクリア**しなければなりません。

　具体的な基準には、住宅の規模、敷地とその前の道路との関係、住宅の規格、耐熱構造、配管設備の点検、区画、音の遮断構造、管理・維持、住宅の耐久性など非常に多岐にわたる項目があります。また、基準を実際にクリアしているかどうかを証明するための物件検査も義務付けられています。

　このことによって、融資を受けられる物件が限られてしまうというデメリットも確かにあります。しかし見方を変えれば、**フラット35を利用した物件は、それだけ信頼がおけるということです。**

フラット35のメリット

フラット35の金利情報の調べ方

① フラット35のHP「金利情報」にアクセス

https://www.simulation.jhf.go.jp/flat35/kinri/index.php/rates/top

② 「各金融機関の金利情報を検索」で
お住まいの都道府県などを選び、「検索」をクリック

条件を変えて
いろいろ調べて
みようっと

③ 取り扱いのある金融機関が一覧で表示される

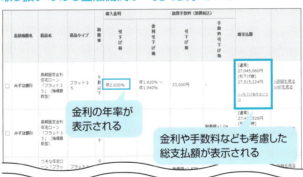

金利の年率が
表示される

金利や手数料なども考慮した
総支払額が表示される

| 新規 | フラット35 | 全国 | 9割以下 | で検索した場合 |

※金利の低い順や総返済額の少ない順に
　並べ変えることもできる

住宅金融支援機構のホームページより作成

ワンポイント

2023年5月現在、フラット35取扱金融機関で最も多い金利が1.83%（返済期間21年以上・融資率90％以下）。この金利が最長35年間続くとあって注目を集めています。

第5章　一番トクする住宅ローンの選び方

119

● 自営業の人でも借りやすい

　民間の金融機関では、原則として借り入れを希望する人の前年、前々年の所得を参考に住宅ローンの審査を行います。

　自営業の人には厳しく、過去2 〜 3年の所得を調べられるのが一般的です。業績が安定していなかったり、節税対策のために申告した所得が少なかったりすると、返済能力が低いとみなされ、審査に通らないことがあります。これに対し、フラット35が利用できる条件は、基本的に年間の返済額が年収に占める割合で決まります。

　ローン審査で使う金利も民間の金融機関が3 〜 4％程度に対し、フラット35は審査時の借入金利（2023年5月現在1.5 〜 2％程度）が使われます。そのため、**民間の住宅ローンが借りられない人でも、借りやすい**のがメリットです。

　また、家計の事情が変わってローンの返済が苦しくなったときに相談しやすいのは、フラット35のメリットです。金融機関はこうした相談にはなるべく対応するよう指導されていますが、返済期間の延長など返済計画の変更について、民間のローンに比べて比較的柔軟に対応してもらえます。

● 健康に不安のある人も利用できる

　住宅ローンの契約者に万が一のことがあった場合、ローンの返済が滞るリスクを避けるため、民間の金融機関から住宅ローンを借りるときには、団体信用生命保険（122ページ）に必ず入らなければなりません。このため、健康上の理由で保険に入れなければ、住宅ローンを借りることができません。

　一方フラット35なら、団信なしのローンを選べるため、団信などの保険に入れない人でも住宅ローンを借りることができます。

　以前フラット35は、団信への加入が任意でした。制度改正が行われ2017年10月申込受付分から、フラット35に団信が付くようになりました。しかしながら、引き続き団信なしも選択可能で、健康上の理由などから団信付きを選べない人も利用しやすいのが特徴です。

120

フラット35のメリット

長期固定金利

契約時点で返済額が確定するので、返済計画が立てやすい

手数料が安い

総返済額を抑えることができる

物件のお墨つきがある

住宅の質が一定以上のレベルにあることが証明される

自営業の人も借りやすい

審査が「年収に占める年間の返済額の割合」で行われる

返済の相談に乗ってもらえる

返済方法が豊富なので返済が苦しい場合にも変更が可能

フラット35利用者が使える住・My Note（すまいのーと）というインターネットサービスがあり、契約情報の確認や繰上返済の申し込みなどができます

➕ ワンポイント

家計の事情が変わって返済が苦しいときに、返済計画変更の相談に乗ってもらいやすいのもフラット35のメリット。金融機関はそうした相談になるべく応じるよう指導されています。

第5章　一番トクする住宅ローンの選び方

フラット35が団信付きに

2017年10月よりフラット35は団信付きになり、保障内容もリニューアルしました。これによって、ますます民間ローンとの差が小さくなっています。

● 住宅ローンの返済が免除になる生命保険

　団体信用生命保険（団信）は、契約者に万が一のことがあったとき、ローンの残高相当が保障される生命保険です。団信に加入すると、万が一のときには、保険金で住宅ローンの残債がすべて支払えるので、住宅ローンのない家を家族に残すことができます。

　一般に民間の金融機関で住宅ローンを借りると、必ず団信もセットで加入します。保険料は金利に含まれていると考えるため、利用者が直接支払うことはありません。これに対し以前のフラット35では、団信への加入は任意だったため、住宅ローンの契約とは別に団信へ加入した場合は、保険料の支払いが必要でした。制度改正によって、現在新規で申し込むものは団信付きとなっており、別途団信保険料の支払いはありません。なお、従来どおり団信なしのローンも選択可能です。**団信なしの場合、団信付きよりも金利が低くなります**。金利の差額分が実質的な団信の保険料負担といえます。

● 病気でローンが免除される団信もある

　巻頭の特集にもありますが、最近の団体信用生命保険はバリエーションが豊富です。契約者の三大疾病や八大疾病といった病気に対する保障があるだけでなく、リストラなどにあって収入がストップするリスクにも備えられるタイプの住宅ローンが開発されています。

　制度の改正に伴い、フラット35の団信も保障内容が拡大しています。シンプルな機構団信は、死亡と所定の身体障害保障をカバーするほか、プラスアルファの金利を払えば、新機構団信の保障内容に加えて、介護と三大疾病の保障が付いた新3大疾病保障付機構団信も選べます。

フラット35が団信付きに

新たな団信の保障内容

新機構団信

基本プラン →

デュエット（夫婦連生団信）

夫婦加入プラン →

新3大疾病保障付機構団信

充実プラン →   ＋

身体障害保障の対象例

- 両耳の聴力がそれぞれ100デシベル以上になった（2級）
- 緑内障により矯正後の視力の和が0.04以下となった（2級）
- 半身マヒにより片側の手足がほとんど機能しなくなった（2級）
- 心臓機能障害でペースメーカーを装着して生活している（1級）
- 腎臓機能障害で人工透析を受けている（1級）

➕ ワンポイント

フラット35では、連帯債務者（176ページ）である夫婦のどちらか一方の加入者が死亡した場合、住宅の持分や返済額にかかわらず残りのローンが全額ゼロになる夫婦連生団信が選べます。

第5章 一番トクする住宅ローンの選び方

第5章　一番トクする住宅ローンの選び方

フラット35を利用するには？

フラット35を利用するためには、融資対象となる物件の基準以外にも、収入基準や融資金額などいくつかの要件を満たすことが必要です。返済負担率の合算にも注意しましょう。

● フラット35を利用できる人

フラット35を利用するためには、**借入金の年間返済額が年収の30％以下（年収400万円未満の場合）、もしくは、年収の35％以下（年収400万円以上の場合）でなければなりません**。たとえば、年収が500万円の人の、年間返済額の上限は175万円となります。

この場合の借入金の年間返済額は、これから借りる住宅ローンのほかに、返済中の教育ローンや自動車ローンがあれば、それらすべてを合算した金額で考えます。

申込時の年齢は、70歳未満となっています。**ただし、住宅ローンを親子で返済する親子リレー返済の場合は、70歳以上でも利用できます**。また、永住許可があれば、外国人でも利用できます。

● 土地のみの購入には使えない

118ページにも書いたとおり、**フラット35を利用するためには、物件が機構の定めるさまざまな基準をクリアしていることが求められ、これを証明する「適合証明書」を取得しなければなりません**。

フラット35登録のマンションなら、この「適合証明書」が一括で交付されるしくみになっています。建売でも、住宅メーカーと提携するモーゲージバンクのフラット35が利用できる物件があるので、最初からこうした物件を選べば、個別に証明書を取得する手間が省けますし、検査費用を払わなくて済みます。

また、フラット35は土地だけの購入のためには使えません。方法がないわけではありませんが、土地から探して一戸建てを建てる予定の人にとっては、利用しづらい一面があります。

フラット35を利用するには？

フラット35の利用条件

申込者	● 申込時の年齢が70歳未満で、80歳時点までに完済できる人 ● 日本国籍の人、または永住許可などを受けている外国人
収入基準	● 住宅ローンの返済額とほかのローンの返済額の合計が、返済負担率以内に収まっていること 　年収400万円未満…返済負担率　30％ 　年収400万円以上…返済負担率　35％
融資対象となる物件 新築	● 住宅の床面積が、 　一戸建て…70m²以上 　マンション…30m²以上　であること ● 住宅金融支援機構の定める技術基準に適合する住宅
融資対象となる物件 中古	新築の条件に加えて、 ● 借入申込日において築後年数が2年を超える住宅、または既に人が住んだことがある住宅 ● 建築確認日が1981年5月31日以前の場合、住宅金融支援機構の定める耐震評価基準などに適合している住宅

● 返済負担率に注意！

自動車ローン ＋ 教育ローン

住宅ローンの返済額とほかのローンの返済額を足した結果、総返済負担率の上限を超えてしまったら、借りられないことに！

！ ここに注意

融資金額の限度額は、2014年2月24日以降資金受取分より変更になりました。現在は、建設費または購入金額の100％まで（上限8,000万円）になっています。

第5章　一番トクする住宅ローンの選び方

第5章　一番トクする住宅ローンの選び方

選ばれた住宅のみに適用されるフラット35S

省エネ性や耐久性などについて、一定の基準を満たす優良住宅のみに使えるフラット35S。そのなかでも厳しい技術基準を満たす住宅は金利引き下げが10年間続きます。

●フラット35Sただいま金利引き下げ中

　購入する物件が、省エネ性や耐震性について通常のフラット35よりも厳しい基準を満たした場合に適用されるのが、フラット35Sです。**フラット35Sでは、一定期間、金利がフラット35の金利からさらに引き下げられます**。住宅の性能によって、金利の引き下げ期間が10年間の金利Aプランと5年間の金利Bプランがあります。金利の引き下げ幅は、フラット35の借入金利からマイナス0.25％となります。2022年10月からは、更に厳しい基準を満たす住宅に適用される【フラット35】S（ＺＥＨ）も加わりました。

　フラット35Ｓには予算金額があり、いつでも申し込めるわけではありません。あらかじめ予算金額に達する見込みとなった場合は、受付が終了します。

●他のフラットと組み合わせて金利引き下げをアップ

　フラット35Sは、フラット35の技術基準に加えて、さらに厳しい基準をクリアする住宅と認定されれば申し込みができます。技術基準には、省エネルギー性、耐久性・可変性、耐震性、バリアフリー性の4つの視点がありますが、4つすべてを満たす必要はなく、どれか1つでも該当すれば対象となります。

　またフラット35Sでは、子育て支援や地域活性化に積極的な取り組みを行う地方自治体と住宅金融支援機構が連携する【フラット35】地域連携型（子育て支援）や【フラット35】維持保全型（長期優良住宅）などを組み合わせることで、金利の引き下げ幅や引き下げ期間を拡大できる新方式が導入されています。

フラット35の金利引き下げ内容

● 【フラット35】Sの金利引き下げメニュー

金利引き下げメニュー	金利引き下げ期間	金利引き下げ幅
【フラット35】S（ZEH）	当初5年間	年0.5%
	6年目から10年目まで	年0.25%
【フラット35】S（金利Aプラン）	当初10年間	年0.25%
【フラット35】S（金利Bプラン）	当初5年間	年0.25%

● フラット35の金利引き下げ内容確認（2022年10月1日以降申し込み受理分）

①住宅性能に関するメニュー	ポイント	②維持保全に関するメニュー	ポイント	③地域連携に関するメニュー	ポイント
【フラット35】S（ZEH）	3	維持保全型（長期優良住宅）※1	1	地域連携型（子育て支援・空き家対策）	2
【フラット35】S（金利Aプラン）	2	維持保全型（予備認定マンション）※2	1	地域連携型（地域活性化）	1
【フラット35】S（金利Bプラン）	1	適用なし	0	地方移住支援型	2
適用なし	0			適用なし	0

※1　住宅性能に関するメニューで「金利Bプラン」または「適用なし」を選択している場合は、併用できない

※2　新築分譲段階の管理計画（長期修繕計画案、原始管理規約など）について、（公財）マンション管理センターから「予備認定」を受けたマンションのこと

合計ポイント数に応じて金利引き下げ

（①～③のメニューごとに1つだけ適用）

・1ポイント……当初5年間は年▲0.25%

・2ポイント……当初10年間は年▲0.25%

・3ポイント……当初5年間は年▲0.50%、6～10年目までは年▲0.25%

・4ポイント以上……当初10年間は年▲0.50%

※フラット35の金利引き下げ内容は、下記のサイトから確認できる。
https://www.flat35.com/simulation/simu_06.html

➕ ワンポイント

2022年4月より、【フラット35】地域連携型（子育て支援）の金利引き下げ期間が拡大し、10年間にわたって0.25%の引き下げが受けられるようになりました。

第5章　一番トクする住宅ローンの選び方

民間ローンの特徴とポイント

以前は公的ローンを補う形で利用されていた民間ローンですが、低金利や返済プランの多様化などをうたった魅力あるローンが登場。一気に利用者を増やしています。

● 変動金利型が人気に

　民間ローンの金利タイプは、**以前は、2年間や5年間のように、一定期間を固定金利に指定できる固定金利期間選択型が主流でした。**

　固定金利期間選択型では、固定期間が終了すると、その時点で適用金利が見直され、それに伴い返済額も変わります。その後は、変動金利に変更するか、固定金利を繰り返すか選べます。

　金融機関同士の超低金利競争が進む中、現在、変動金利は1％を切るのが一般的です。記録的低金利水準が続くなか、目の前の金利の低さを魅力と感じる人や、しばらくは金利上昇しないと思う人は変動金利を選択しています。

● インターネットで借りる住宅ローン

　民間ローンの世界で、最近特に頭角を現してきているのが、**インターネットを通じて住宅ローンを申し込む、ネットバンクが取り扱う住宅ローンです。**一般の銀行などと違って、店舗を持たないネットバンクならではの収益性を生かして、コストの安い魅力あるローンを取り扱っています。

　何といっても**トップクラスの金利の低さ**が目を引きます。それと同時にローン保証料や繰り上げ返済手数料、疾病保障つきの団体信用生命保険の保険料などが無料となるため、トータルで支払額を抑えられるのが特徴です。

　審査は厳しめとの評判もありますが、インターネットだけで完結するので、一度申し込んでみてもよいかもしれません。

民間ローンの特徴とポイント

民間ローンの概要

● 民間ローンの利用条件

申込者	● 申込時の年齢がおおよそ65～70歳未満で、75～80歳時点までに完済できる人
収入基準	● 勤続年数が2～3年以上（不問の金融機関もある） ● 年収300万～400万円以上（自営業は500万円以上などと増加することもある） ● 総返済負担比率がおおよそ35～40%
融資対象物件	● 本人が居住するための住宅や土地 ● 各種法令を遵守した物件であることが必要

● 取り扱いのある金融機関とその利点

労働金庫

組合員以外の人でも利用できる。組合員なら有利な条件で利用できる場合も

都市銀行

民間ローン取り扱いの中心的存在。店舗数や取引実績が多い。不動産会社との提携ローンとして紹介されることもある

地方銀行・信用金庫

地域限定の優遇金利や、キャンペーン金利などが出ていることがある

ネットバンク

ネットならではの収益性を生かして、金利が低く、諸費用が安いローンを取り扱う

ノンバンク

住宅ローンを専門に取り扱う会社もある。銀行より条件の良いローンがあることも

✒ まとめ

公的ローンにないサービスを受けられるのが、民間ローンのよいところ。金利や諸費用など、総返済額を比較するのと合わせて、団信の内容などサービスの比較もしてみましょう。

第5章 一番トクする住宅ローンの選び方

129

第5章　一番トクする住宅ローンの選び方

民間ローンのメリット・デメリット

金利はもちろん、手数料、審査、サービスに差があるのが、民間ローンの特徴です。自分にとって利用しやすいローンはどれなのか、しっかりと情報収集することが大切です。

● 民間ローンのメリット

　民間ローンの最大のメリットは、**金融機関によって利用条件に幅があること**でしょう。特に審査に関しては、A銀行では通らなくても、B銀行では大丈夫、というように、申し込む金融機関によって融通が利くことが多いのです。したがって、1社でだめだったからといってあきらめるのではなく、2社、3社と申し込んでみるのがよいでしょう。

　物件については、明確な基準が設けられているわけではありません。シンプルに、**物件の担保価値を個別に判断して審査**されます。この点は、融資が受けられる物件について厳しい要件があるフラット35とは大きく違うところです。バリエーション豊富な団信（40ページ）があるのも、民間ローンならでは。

　このほか、預金の残高が一定以上になったら、超えた金額を自動的に繰り上げ返済するサービスや、毎月返済額を一時的に変更できるサービスなど、利用者が返済しやすいサービスが次々に登場しているのも、大きな魅力といえるでしょう。

● 民間ローンのデメリット

　ほとんどの場合、民間ローンの金利は変動金利になります。変動金利で借りている以上、金利上昇のリスクは住宅ローン利用者が負っています。金利が上昇して返済額が上がれば、払えなくなる可能性があることには十分注意が必要です。また、民間ローンは、団体信用生命保険の加入が義務付けられています。持病のある人が金利上乗せで加入できる、ワイド団信はあるものの、それでも健康上の理由で保険に加入できない人は民間ローンを利用できません。

民間ローンのメリット・デメリット

ユニークな返済サービスの例

●自動繰り上げ返済
普通預金の残高があらかじめ設定した残高を上回ったときに、その分を自動的に住宅ローンの繰り上げ返済にあてるサービス

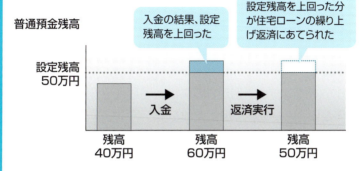

●返済額増減指定
一定期間・毎月の返済額を増減できるサービス

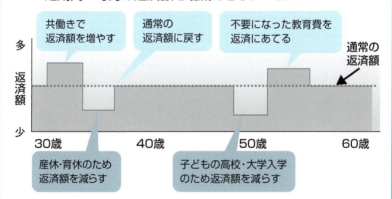

➕ ワンポイント

Web上で複数の金融機関に一括で仮審査を申し込めるサイトがあります。こうしたサービスを利用すれば、手間をかけずに利用できない金融機関を調べられます。

第5章 一番トクする住宅ローンの選び方

第5章　一番トクする住宅ローンの選び方

公的なローン、財形住宅融資

比較的金利が低めで融資限度額が大きい財形住宅融資は、フラット35や民間ローンと併用することも可能です。借入先の候補として一度検討してみるとよいでしょう。

● 財形住宅融資の特徴

　財形住宅融資（財形融資）は、財形貯蓄の残高がある人が利用できる公的な住宅ローンです。**財形貯蓄には、財形住宅貯蓄、一般財形貯蓄、財形年金貯蓄の3つがあります。**

　財形融資はこのいずれかを1年以上継続し、残高が合計50万円以上ある人が利用できます。融資額は、財形残高の10倍までで物件価格の90％となっていて、上限4,000万円まで借りることができます。

　財形融資の利用者は、住宅手当などの名目で、勤務先から融資額の補助が受けられることがあります。

　財形住宅貯蓄を住宅購入のために解約するときには、利子に対する税金が免除されます。しかし、一般財形貯蓄や財形年金貯蓄の場合は利子に税金がかかります。

● 5年固定の変動金利で借りる

　財形住宅融資の金利は、5年固定の変動金利です。5年ごとに金利が見直され、それに伴い返済額も変更されます。金利がどんなに上昇しても、毎月返済額の変更はそれまでの返済額の1.5倍まで、という上限があります。

　とはいえ、金利の負担に上限があるわけではありません。払いきれない利息が未払い利息（50ページ）として蓄積されるのは、民間の変動金利と同じです。

　フラット35や民間ローンの適用金利が、融資実行時のレートになるのに対し、財形住宅融資の金利は、融資申し込み日のレートが適用されます。

公的なローン、財形住宅融資

財形住宅融資の特徴

財形貯蓄 給与やボーナスなどから天引きしてお金を貯める制度

一般財形貯蓄
使用用途を問わない財形貯蓄

財形住宅貯蓄
一戸建て・マンション購入のための財形貯蓄

財形年金貯蓄
老後に年金として受け取るための財形貯蓄

利用できる人	●財形貯蓄を1年以上継続し、残高が50万円以上ある人(一般財形貯蓄、財形住宅貯蓄、財形年金貯蓄のいずれも可) ※このほか、年齢や年収の要件を満たしていることが必要
利用できる物件	●新築住宅購入時の融資　一戸建ての場合　床面積70〜280m² 　　　　　　　　　　　マンションの場合　床面積40〜280m²など ※このほか、住宅金融支援機構が定める条件を満たしていることが必要
融資額	●財形貯蓄の10倍、かつ4,000万円まで ●物件価格の90%まで　※2つのうち、いずれか低い額
金利	●変動金利　●融資申込時の金利が適用される ●比較的低めの水準
退職時の取り扱い	●事業主転貸の場合、退職時に全額返済 ●住宅金融支援機構直貸の場合、退職後も継続して利用できる
その他	●フラット35と併用が可能 ●同じ物件に対して、夫婦での融資を受けられる

ワンポイント

共働き夫婦でそれぞれの職場に財形の制度がある場合、残高などの条件をクリアすれば、2人がそれぞれ財形住宅融資を受けることも可能になっています。

● 財形融資は退職したらどうなる？

　財形融資には、勤務先から直接融資を受ける事業主転貸と、勤務先を通さずに、住宅金融支援機構から融資を受ける機構直貸の2つがあります。

　財形融資を利用している人が、会社を退職したときの取り扱いは、この契約の形態によって変わります。

　事業主転貸で融資を受けた人は、退職時にその時点の残債を一括して勤務先に返さなければなりません。これに対して、機構直貸の人は退職後も引き続き、融資を利用できます。

　また、融資の可否についても違いがあります。事業主転貸は基本的に事業主の判断で決まります。一方で機構直貸を利用するには、**一定の収入基準（返済額が年収400万円未満なら年収の30％以内、年収400万円以上なら年収の35％以内）**を満たさなければなりません。

　このように事業主転貸と機構直貸は、どちらも同じ財形融資でありながら、申込方法から退職時の取り扱いまで大きな違いがあります。財形融資を申し込むときに、そのどちらで申し込むかは、利用者が自由に選ぶことができません。勤務先に制度があれば、自動的に事業主転貸になります。自分の勤め先がどちらになるのかよく確認した上で、利用を検討するとよいでしょう。

● 子育て世代にうれしい金利優遇

　住宅取得を後押しし、現役世代が経済的にも子どもを育てやすい環境を少しでも作るため、さまざまな政策が設けられています。その一環として、子育て世代が財形融資を利用する場合、金利の優遇が受けられるようになりました。

　18歳未満の子どもがいる家庭や、常時雇用する労働者数が300人以下の会社で働く人が財形融資を受ける場合、当初の5年間、通常の金利より0.2％低い金利で借りることができるのです。

　金利優遇は、2018年3月31日までの時限措置でしたが、延長されて2024年3月31日まで申込受付となりました。

公的なローン、財形住宅融資

公的ローンの制度

機構直貸（き こうちょくたい） 住宅金融支援機構を通して直接融資を受ける

借り主 → ローン申し込み → 貸し主
融資 ←
返済 →

会社に勤務する人　　　　住宅金融支援機構

- **収入基準**
  返済負担率が
  30%以下（年収400万円未満）
  35%以下（年収400万円以上）
- **返済方法**
  口座からの引き落とし
- **会社を退職してもローンをそのまま引き継げる**

事業主転貸（じ ぎょうぬし てん たい） 会社が借り入れた資金を借り主に融資する

借り主 → ローン申し込み → 仲介者 → ローン申し込み → 貸し主
融資 ←　　　　　　　　　融資 ←
返済 →　　　　　　　　　返済 →

会社に勤務する人　　　借り主の勤め先　　　住宅金融支援機構

会社に事業主転貸の制度がある場合は必ず事業主転貸

「5年固定金利」
「申込時の金利適用」
が魅力！

- **収入基準**
  会社によって基準が異なる
- **返済方法**
  給料の天引き
- **会社を退職する際にローンを引き継げない**
  →原則として一括繰り上げ返済が必要なこともあるので注意

まとめ

事業主転貸で財形融資を利用する人が転職するなら、住宅ローンの一括返済に備えて一時金を準備したり、借り換えを手配したりすることも必要です。

第5章　一番トクする住宅ローンの選び方

第5章　一番トクする住宅ローンの選び方

結局、どんな住宅ローンを選べばよい?

フラット35、民間ローン、財形住宅融資は、それぞれにメリット、デメリットがあることがわかりました。結局のところ、どんな住宅ローンを選べばよいのでしょうか?

● おおよその金利タイプを考える

　住宅ローン選びは、金利の比較から入ってしまいがちですが、**まずは返済期間やライフプランなどを踏まえた上、どの金利タイプが向いているのか、おおよその見当をつけるのが先決です**。ライフプランと金利タイプの関係は、第7章で説明します。

　金利タイプの候補がいくつか決まったら、その上で、金利の比較をするとよいでしょう。最近は金利上乗せで団信が手厚くなるローンが多いので、団信の内容も含めて金利を比較するとよいでしょう。

　金利タイプの選び方は、今後の金利をどう読むかによっても左右されます。もしも見当がつかないのであれば、長期固定のフラット35と変動金利を組み合わせて借りる金利ミックスプランを選ぶ方法もあります。

　合わせて、総コストがいくらなのかも確認が必要です。

● 審査で考える

　金利や諸費用などを十分に検討して最適と思える住宅ローンを申し込んでも、審査に通らないと話になりません。

　たとえば転職したての人の場合は、民間ローンが借りられないケースが多くなります。自営業などのように前年の所得が少ない人なら、収入基準で判断されるフラット35が借りやすくなります。融資の対象となる物件が、フラット35の規定を満たさないならば、民間ローンを検討するとよいでしょう。

　審査に関して不安がある場合は、金利や諸費用に関してじっくり検討する前に、仮審査を申し込んで様子を見るのもよい方法です。

結局、どんな住宅ローンを選べばよい？

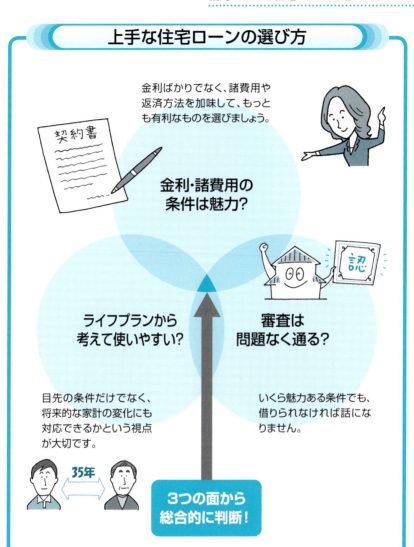

上手な住宅ローンの選び方

金利ばかりでなく、諸費用や返済方法を加味して、もっとも有利なものを選びましょう。

金利・諸費用の条件は魅力？

ライフプランから考えて使いやすい？

目先の条件だけでなく、将来的な家計の変化にも対応できるかという視点が大切です。

審査は問題なく通る？

いくら魅力ある条件でも、借りられなければ話になりません。

3つの面から総合的に判断！

第5章 一番トクする住宅ローンの選び方

＋ワンポイント

何から始めてよいかわからないときには、まず提携先の住宅ローンの話を聞いてみるとよいでしょう。それを基準に、ほかのものと比較すると違いが見えてくるかもしれません。

コラム
ある日の相談から⑤

将来の変化に対応しやすい住宅ローン

　Fさん（30歳）は、都内の金融機関にお勤めで、同じく金融機関で働いている奥さんと、2人で暮らしています。2人は今、職場から近い都内に6,000万円の予算で購入できるマンションを探しています。頭金は、1,200万円ほど準備できるので、残りの4,800万円を住宅ローンで借りる予定です。当面は金利が上がらないだろうと予測しているので、変動金利を希望しています。

　Fさんのように、共働きで収入が高めの人は、目先の金利の低い変動金利を利用し、積極的に繰り上げ返済を行うのもよい方法です。しかし、借入金額が4,800万円とやや大きいことや、奥さんが出産を機に退職する可能性がないとも限らないといった事情を考え、住宅ローンは夫名義で35年返済、変動金利型0.3％と全期間固定型1.7％のミックスローンで借りることをおすすめしました。

　当初は金利が高めの固定金利型の住宅ローンを繰り上げ返済していきますが、合わせて手元資金も増やしておき、金利上昇の兆しが見え始めたら、変動金利型の住宅ローンとまとめて繰り上げ返済します。こうすることで、機動的に金利上昇のリスクに備えることができるのです。

第 6 章

借入可能額の把握、頭金の準備、贈与の利用…
無理なく返済するための資金計画を考える

住宅ローンの返済は長期間にわたります。自分が借りられる金額やお得に返済する方法を知って、無理なく返済する計画を立ててみましょう。

第6章　無理なく返済するための資金計画を考える

借りられる金額を知ろう

物件購入にかかる費用が、必ずしも全額住宅ローンで借りられるとは限りません。気に入った物件を購入するために、いくらまで借りられるのかのルールを知っておきましょう。

● 年間返済額は収入で決まる

　住宅ローンの借入額の上限は、住宅ローン申込者の収入に大きく左右されます。というのも、ここまで繰り返し説明してきた通り、**住宅ローンの審査には、満たさなければいけない収入の基準があるからです**。

　たとえば、年収600万円の人が、総返済負担率30％までの住宅ローンを借りるのならば、年間の返済額は180万円（月額15万円）が上限になります。

　返済負担率の基準は、30％〜40％としている金融機関が多く、収入が多い人ほど高めに設定される傾向があります。

● 年間返済額と借入可能額の関係

　では、上のケースで年間返済額を上限いっぱいの180万円とした場合、総額でいくらまで借りられるのでしょうか？　それは、返済期間や金利をいくらに設定するかで変わります。

　住宅ローンをいくらまで借りられるのかを表す金額を借入可能額といいます。仮に、**金利1.5％、返済期間30年で借りるなら、借入可能額は4,346万円になります**。同じ金利1.5％のまま返済期間を35年にすると、借入可能額は4,899万円に。また、返済期間が30年のまま、金利を1％にして計算すると、4,663万円に変わります。

　つまり、**低い金利で借りるほど、返済期間が長くなるほど、たくさん借りられるわけです**。民間の金融機関では通常、審査の金利は3〜4％程度（フラット35は審査時点での借入金利）、返済期間35年で計算した金額が借入可能額の上限になります。

借りられる金額を知ろう

年収と返済の上限額（フラット35の場合）

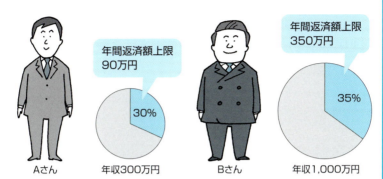

年収と総返済負担率によって年間返済額上限が決まる
そこから毎月返済額と借入可能額が算出できる

年収400万円未満は30％、
年収400万円以上は35％
（125ページ）

●借入可能額の概算例

年収	総返済負担率※1	年間返済額上限	毎月返済額※2	借入可能額※3
300万円	30%	90万円	7万5,000円	2,656万円
500万円	35%	175万円	14万5,000円	5,166万円
700万円		245万円	20万4,000円	7,232万円

※1　すべての借入（フラット35、ほかの住宅ローン、自動車ローン、教育ローン、カードローンなどを含む）が、この範囲内に収まっていること
※2　ボーナス返済なしの場合
※3　返済期間35年、金利1.0％、ボーナス返済なしとして試算

! ここに注意

住宅ローンは、借りたいと考える金額が全額必ず借りられるわけではありません。収入基準以外にも、「物件価格の90％まで」「上限で1億円まで」などの規定があります。

第6章　無理なく返済するための資金計画を考える

第6章　無理なく返済するための資金計画を考える

返せる金額から借りる額を計算しよう

多くの場合、「借りられる金額」と「無理なく返済できる金額」には大きな違いがあります。いくらまでなら無理なく返済できるか、シミュレーションしてみましょう。

● 借入可能額が返済可能額とは限らない

　住宅ローンを融資する金融機関で、収入の基準について「年間返済額は年収の30％以内」といった規定が設けられているのは、**金融機関が「年収の30％程度までなら、比較的無理なく住宅ローンの返済に回せるだろう」と判断している**からです。

　ところが、「融資先がそういうのだから、限度額いっぱいまで借りても大丈夫」と思うのは、ちょっと考えものです。

　なぜなら、ここでいう年収とは、あくまでも税金や社会保険料を含めた給与の額面金額のこと。**実際の住宅ローンの支払いは、税金や社会保険料を払った後の手取り金額でやりくりしなければならない**ため、限度額まで借りると余裕がなくなってしまうのです。

　額面金額では返済負担率が30％以内だとしても、手取り金額で計算しなおすと、40％近くになってしまうのです。特に、子どものいる家庭がこのペースで住宅ローンを借りると、将来的な教育費の負担によって家計が破たんしてしまう恐れがあります。

● 今の家賃を参考にする

　では、無理なく返済できる借入金額の目安はどう考えればよいでしょうか？

　基本的には、**毎月この程度なら払っていけるだろうという金額から毎月返済額を考え、その上で借入可能額を計算します**。毎月返済額の具体的な金額の求め方は、72ページで紹介したような購入前の家賃を参考にする方法があります。購入後には住宅の維持費もかかることを忘れずに試算するのがポイントです。

返せる金額から借りる額を計算しよう

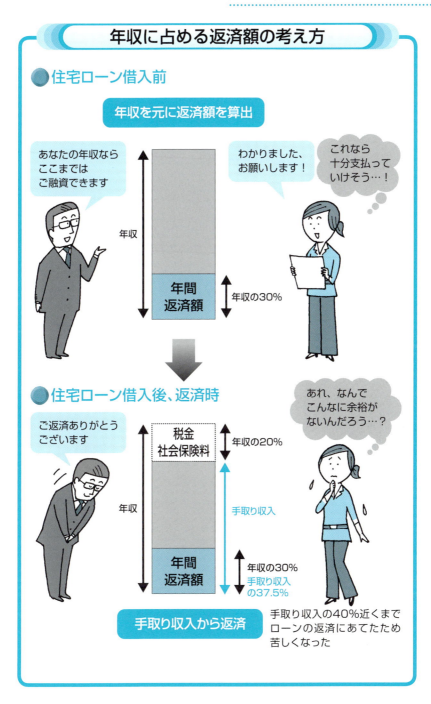

毎月返済額は手取り月収の25%以内に

今の家賃が適正かどうか自信がない、という人なら、毎月返済額が月収の手取り額に占める割合で考えるとよいでしょう。

理想的な毎月返済額の割合は、月収の手取り額の30%以内。子どものいる家庭では、教育費との兼ね合いで、25%以内がおすすめです。

年収ではなく月収を基準とする理由は、ボーナスにあります。これからの時代、ボーナスがなくなることも考えられます。**最初からボーナスを見込んでしまうと、いざなくなった際に困ってしまうからです。**

ところで、いくら毎月返済額を理想的な割合に収めることができたとしても、借入金額の計算に使う金利が適切なものでなければ、正しい借入金額の見積もりはできません。変動金利など一時的に低いものだった場合、将来の金利上昇も考えると、本来の返済能力より多めに借りられてしまうかもしれないのです。

変動金利型や短期間の固定金利選択型の利用を考えているなら、将来的な金利上昇を考えて、実際に借りる金利より少し高めで試算するとよいでしょう。

シミュレーションサービスを使ってみよう

毎月、住宅ローンの返済に回せる金額のメドが立ったら、その数字をもとに借入可能額が計算できます。計算には、**各金融機関のホームページなどにある住宅ローンのシミュレーションサービスを活用するとよいでしょう。**

たとえば、住宅金融支援機構「フラット35」のウェブサイトにある「ローンシミュレーション」のコーナーには、「毎月の返済額から借入可能金額を計算」するサービスがあります。

このボタンを選択して、毎月の返済額、金利、返済期間などを入力すると、瞬時に借入可能額を計算することができます。

物件選びは、モデルルームや住宅展示場めぐりから入ってしまいがちです。事前にシミュレーションして、予算の概要を決めておくことで、現実的な物件選びができるでしょう。

返せる金額から借りる額を計算しよう

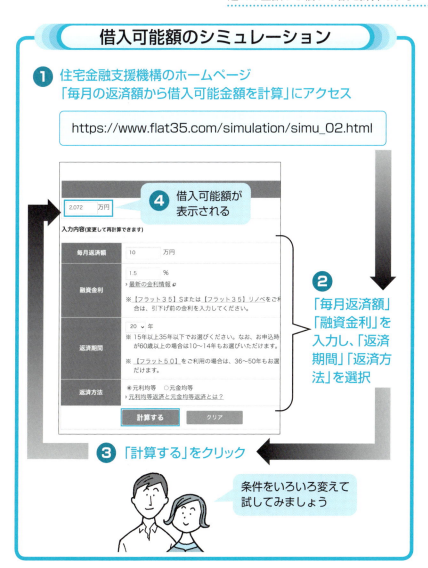

借入可能額のシミュレーション

① 住宅金融支援機構のホームページ
「毎月の返済額から借入可能金額を計算」にアクセス

https://www.flat35.com/simulation/simu_02.html

④ 借入可能額が表示される

② 「毎月返済額」「融資金利」を入力し、「返済期間」「返済方法」を選択

③ 「計算する」をクリック

条件をいろいろ変えて試してみましょう

第6章 無理なく返済するための資金計画を考える

まとめ

毎月返済額から借入可能額を求めるには、ローンシミュレーションサービスを利用するのが便利です。スマートフォン対応の画面なら、通勤時間などを利用して手軽に試算できます。

第6章　無理なく返済するための資金計画を考える

さまざまなパターンを試算しよう

シミュレーションサービスを利用して「気に入った物件があるけど、無理せず買うことができるのか」や「この借入希望額なら月々の返済がいくらになるのか」を調べましょう。

● 毎月返済額から借入限度額を計算する

　144ページで紹介したサービスを利用して、実際に毎月返済額から借入限度額を試算してみましょう。たとえば、「返済期間30年、固定金利1.5％、元利均等返済、毎月返済額10万円」とした場合、借入可能額は2,897万円となります。

　これでは欲しい物件に手が届かない、というときには、**毎月の返済額をもう少し増やすか、返済期間を延ばす**という方法があります。たとえば同じ条件で、返済期間を35年に延ばしたときの試算結果は、3,266万円です。5年間返済期間を延ばすことで、融資額を約370万円増やすことができました。

● 借入金額から毎月返済額を計算する

　上記の方法とは逆に、**借入希望額から毎月返済額を計算する**こともできます。

　借入希望金額が3,000万円の場合、返済期間が30年、元利均等返済、ボーナス返済はなし、固定金利1.5％の条件では、毎月の返済額は10万4,000円。総返済額は3,728万円となります（金額は概数で出ます）。

　もし、毎月の返済額が思っていたよりも高くなってしまったら、**返済期間を長めにして計算してみましょう**。ちなみに、返済期間が35年の場合なら、毎月の返済額は9万2,000円。総返済額は3,858万円となり、月々の負担は1万2,000円少なくなります。

　このほかにも、ボーナス返済を少し組み合わせる、頭金を増やして借入額を減らすなどの方法が考えられます。条件をいろいろ変えて計算してみましょう。

さまざまなパターンを試算しよう

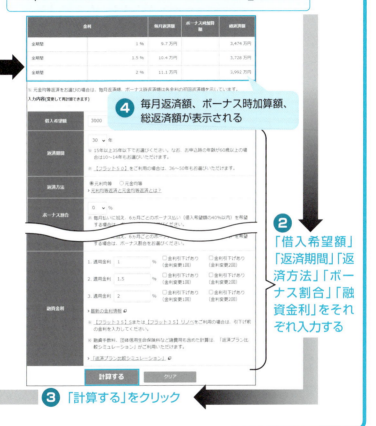

まとめ

借入可能額、毎月返済額、金利、返済期間、頭金の有無など、条件を変えて何度もシミュレーションしてみると、自分なりの住宅購入プランが少しずつ固まってきます。

第6章　無理なく返済するための資金計画を考える

ローンのしくみは「利息を先取り」

住宅ローンを返し始めたばかりのころは、なかなか元金が減っていきません。その理由は、「利息を先取り」するローンのしくみにあるということを知っておきましょう。

● ローンは利息を先取りする

　住宅ローンに限らず、**ローンは利息を先取りするしくみ**になっています。これについて、以下に借入金額3,000万円、金利1.0%、元利均等返済の住宅ローンを利用した場合を例に挙げて説明します。なお、ここでは、説明を簡単にするために、住宅ローンを年に1回まとめて120万円返済すると考えます。

　まず返済1年目は、3,000万円×1.0％＝30万円の利息を払うことになります。年間の返済額が120万円ですから、そのうち、利息の30万円だけが最初に差し引かれ、残りの90万円だけが元金の返済に回ります。この時点でのローン残高は2,910万円となります。

　2年目は、この2,910万円に対して金利が1.0％かかります。その結果、2年目に支払う利息は29万1,000円になります。返済額120万円のうち利息を引いた、90万9,000円が元金の返済に回ります。

　このように、**支払う利息は元金（＝残債）に応じて決まるため、残債の多い最初のうちは、なかなか元金が減らない**のです。

● 効率的に元金を減らすには

　元金を早く減らすには、金利が低いローンを見つけることが効果的です。**金利が低ければ、支払利息が少なくなるため、その分元金を早く減らすことができます。**

　金利を見直すことができないなら、毎月の返済額を増やしてみましょう。たとえわずかでも毎月の返済額を増やすことができたら、その分はすべて元金の返済に回るため、効果的に元金を減らしていくことができます。

148

ローンのしくみは「利息を先取り」

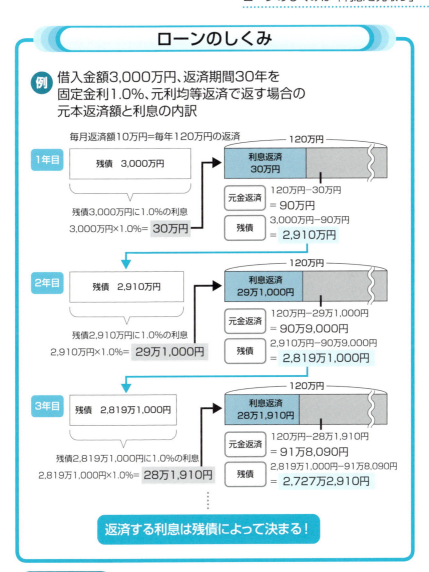

まとめ

ローンの総返済額を効率的に減らすコツは、元金の返済に回る金額を増やすこと。それには金利を見直す、毎月返済額を増やす、返済期間を短くするなどの方法があります。

第6章　無理なく返済するための資金計画を考える

金利1％でこんなに変わる！

同じ物件を選んでも、利用する住宅ローンの金利が1％違うと、総返済額には大きな差がつきます。金利1％がどの程度の違いを生むのか、実際の数字で見ていきましょう。

● 金利1％の違いで500万円以上も差がつく

　住宅ローンは、借入金額が大きく返済期間も長いので、**わずかな金利差が大きな支払額の差になります。**

　3,000万円の住宅ローンを、返済期間30年、金利1.0％、元利均等返済で借りたとします。このときの総返済額は、3,473万6,908円です。支払利息は473万円です。

　もしこのローンを2.0％の金利で借りることになったならば、総返済額は3,991万8,769円、支払利息は992万円弱になります。**金利がわずか1％違うだけで、500万円以上も支払利息（総返済額）に差がつく**ことがわかります。

● 返済計画表に注目しよう

　ところで、上記の金利2.0％のプランで住宅ローンを借りた場合は、借りた金額は3,000万円なのにもかかわらず、その1.3倍以上のお金を返済していることになります。

　住宅ローンを返済中の人でも、借入金額と総返済額にこれだけの差があることを知らないという人は少ないかもしれません。しかし、**毎月口座から引き落とされる返済額については興味があっても、トータルでいくら払うかには気が回らないのです。**

　そこでぜひ参考にしたいのが、住宅ローンの返済計画表です。この表は、住宅ローンの借入先で作成してくれるものです。これを見れば、金利や総返済額はもちろんのこと、あと何年間ローンが残っているのか、返済額のうちどの程度が利息に回っているのかなど、自分が借りるローンの概要がわかります。

金利1%でこんなに変わる！

金利1%の違いによる総返済額の差

例 借入金額3,000万円、返済期間30年の住宅ローンで固定金利が1.0%、1.5%、2.0%だったときのそれぞれの毎月返済額と総返済額

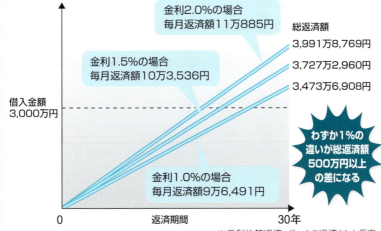

- 金利2.0%の場合 毎月返済額11万885円 総返済額 3,991万8,769円
- 金利1.5%の場合 毎月返済額10万3,536円 3,727万2,960円
- 金利1.0%の場合 毎月返済額9万6,491円 3,473万6,908円

わずか1％の違いが総返済額500万円以上の差になる

※元利均等返済、ボーナス返済なしと仮定

● 借入金に対する総返済額の割合

金利1.0%	金利1.5%	金利2.0%
116%	124%	133%

わずか1％の違いで総返済額の割合が大きく変わる！

＋ ワンポイント

住宅ローン返済中に、金利の環境が変わって今よりも低い金利のローンが登場するかもしれません。そうしたローンにうまく借り換えられれば、効果的に総返済額が減らせます。

第6章　無理なく返済するための資金計画を考える

返済が5年違うとこんなに変わる！

総返済額を決めるのは、金利だけではありません。たとえ同じ金額を同じ金利で借りた場合でも、返済期間の長さによって総返済額に大きな差が出てくるのです。

● 35年返済のメリット・デメリット

　住宅ローンを借りるときには、深く考えずに最長の35年返済で借りておこうという人が少なくありません。たしかに、返済期間が長くなれば、毎月の返済額が減らせますし、借入金額が増やせるメリットがあります。しかし、返済期間全体を通して見ると**利息がかさんで、総返済額が膨らんでしまうデメリット**があります。

　たとえば3,000万円を、返済期間30年、元利均等返済、固定金利1.5％で借りた場合、毎月返済額は10万3,536円、総返済額は3,727万円と計算されます。

　ほかの条件を変えずに、返済期間を35年にしてみると、毎月返済額は9万1,855円、総返済額は3,858万円となりました。**返済期間が5年長くなっただけで、支払利息（総返済額）は、131万円以上増えてしまうのです。**

● 定年までに完済するプランを立てよう

　住宅ローンは、現役時代に返し終えてしまうのがおすすめです。

　景気がよかった時代には、「定年退職時に住宅ローンが残っていたら退職金で返済し、老後の生活費は年金でまかなう」というプランが成り立ちました。しかし、十分な退職金や年金が期待できないこれからの時代、退職金や年金をあてにしてしまっては、老後の生活にしわ寄せが来るのは目に見えています。

　切りのよい年数でしか設定できないと思っている人が多い返済期間も、実際には1年単位で設定できます。返済期間は、「退職予定年齢－住宅ローン開始時の年齢」を基準に決めるとよいでしょう。

返済が5年違うとこんなに変わる！

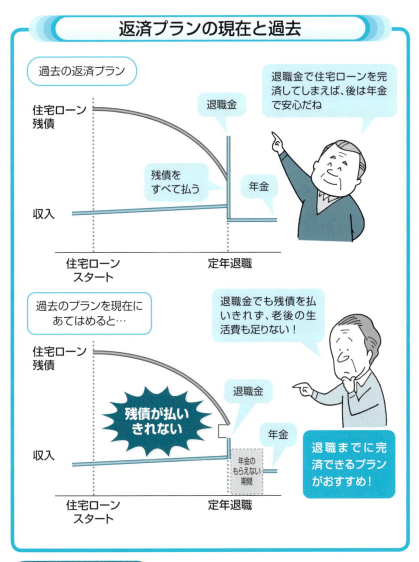

第6章 無理なく返済するための資金計画を考える

ワンポイント

完済を退職時になるよう設定するとどうしても必要な資金が借りられないことがあります。その場合は、いったん長めに借りて、繰り上げ返済で返済期間を縮めていく方法もあります。

第6章　無理なく返済するための資金計画を考える

頭金は2割を目安に！

現在は頭金なしでも住宅ローンが借りられます。しかし、頭金が少ないほど、借入金額は多くなり、借りた後の負担が大きくなってしまいます。頭金は2割を目安に用意しましょう。

● 頭金のないフルローンは金利負担が重い

頭金なしでも住宅ローンは利用できます。頭金なしでローンを借りることをフルローンといいます。頭金のない人でも借りられるようになったのはよいことなのですが、実際にはローンを借りた後で返済が厳しくなるケースが少なくありません。

たとえば4,000万円を、固定金利1.5％、35年返済（ボーナス返済なし）のフルローンとして借りた場合、毎月返済額は約12万2,500円、総返済額は約5,144万円となります。利息だけで約1,144万円です。

これに対して、頭金として物件価格の2割相当である800万円を入れた場合、借入金額は3,200万円です。これを同条件で返済した場合、毎月返済額は約9万8,000円、総返済額は約4,915万円となります。**総返済額を比べてみると、約229万円もの利息負担を減らすことができます**。毎月返済額も約2万4,500円減なので、差額を繰り上げ返済用に積み立てることもできるでしょう。

● 頭金として物件価格の2割を用意

一般に、**住宅ローンの頭金は購入金額の2割を目安に準備するとよいといわれています**。

これには明確な根拠というものはありませんが、かつて、旧住宅金融公庫の融資が住宅の建設費または購入価格の8割までの金額しか借りられなかったことに関係するのかもしれません。

新築住宅の価格には、不動産業者の利益や広告宣伝費などのコストが2割程度含まれているので、物件そのものの価値、つまり担保価値は価格の8割程度が目安となっているのです。

頭金は2割を目安に！

頭金の有無による総返済額の差

4,000万円の物件を頭金なしで買った場合

返済回数	1回あたり返済額	総返済額	支払利息
20年（240月）返済	19万3,018円	4,632万4,216円	632万4,216円
30年（360月）返済	13万8,048円	4,969万7,092円	969万7,092円
35年（420月）返済	12万2,473円	5,143万8,816円	1,143万8,816円

金利1.5％の全期間固定金利を利用

LOSE…

総返済額
5,143万8,816円
（35年返済）

約229万円もの差に！

WIN!

総返済額
4,115万924円
＋頭金800万円
＝4,915万924円

4,000万円の物件を、頭金2割（800万円）用意して買った場合

返済回数	1回あたり返済額	総返済額	支払利息
20年（240月）返済	15万4,414円	3,705万9,361円	505万9,361円
30年（360月）返済	11万438円	3,975万7,680円	775万7,680円
35年（420月）返済	9万7,979円	4,115万924円	915万924円

金利1.5％の全期間固定金利を利用

ワンポイント

一定割合の頭金を入れると、適用金利が安くなる住宅ローンがあります。また、事務手数料を借入金額の1～2％程度払うローンなら、頭金を入れるとその分、手数料も減らせます。

第6章 無理なく返済するための資金計画を考える

第6章　無理なく返済するための資金計画を考える

贈与税非課税枠を活用して予算アップ

頭金が足りないのなら、親から資金援助を受けることはできないか探ってみましょう。贈与税の非課税枠や、相続時精算課税制度など税制面の優遇もたくさんあります。

● 頭金作りにありがたい親や祖父母からの資金援助

頭金の準備は、自動積立や財形貯蓄を使ってこつこつと貯蓄していくのが王道ですが、親や祖父母から資金援助を受けられるなら、ありがたく援助を受けてしまうのも賢い選択です。

不動産流通経営協会が行った、首都圏で2021年4月から2022年3月の間に購入した住宅の引き渡しがあった世帯に対する調査によると、「新築購入者の14.2％、約7人に1人が親や祖父母などからの贈与を受けた」となっています。贈与額の平均も、998.2万円と高額な結果となり、贈与が頭金作りに大きく影響していることがわかります。

● 住宅取得目的の贈与税非課税枠が500万円に

通常、個人から財産をもらったときには、その金額に応じて10％～55％の贈与税がかかります。しかし、**年間110万円までは贈与税の非課税枠が認められているので、110万円までの贈与なら税務署に申告する必要はありません**。この制度を暦年課税制度といいます。

また、2021年までの予定であった住宅取得目的の贈与税の非課税枠が延長されました。2022年1月1日以降に贈与を受けて物件を購入する場合、非課税となる金額は、2023年12月までなら500万円になります。さらに、物件の耐震性、省エネ性またはバリアフリー性が一定の基準を満たした場合は、500万円が上乗せされます。この制度をうまく活用すれば、従来の贈与税の非課税枠110万円と合わせて最大1,110万円まで、税金を払わずに贈与が受けられます。

特例を使う場合は、贈与を受けた翌年に確定申告が必要です。

住宅取得資金の贈与税計算例

例 親から住宅取得資金として、1,000万円を贈与された場合

●贈与税の非課税枠がなかったら

1,000万円 − 110万円（贈与税の基礎控除額） = 890万円（課税価額）

890万円（課税価額） × 30%（贈与税の税率と控除額） − 90万円 = 177万円

贈与税は
177万円！

※子ども（受贈者）が18歳以上であることなどの条件があります

●2023年の贈与なら（省エネ・耐震住宅の場合）

1,000万円 − 1,000万円（贈与税非課税枠） = 0円

贈与税は
なし！

●住宅取得目的の贈与税非課税額

耐震、省エネ住宅	非課税額　1,000万円
一般の住宅	非課税額　500万円

➕ ワンポイント

制度適用条件がたびたび変更になっています。贈与を受ける予定のある人は、購入する物件についていくらまでが非課税扱いになるか、業者に確認しておくと安心です。

第6章　無理なく返済するための資金計画を考える

相続時精算課税を活用しよう

住宅を購入する時に親などから資金援助を受ける方法として注目度が高いのが、相続時精算課税制度です。この制度を利用すれば、2,500万円までの贈与に対して税金がかからなくなります。

● 相続時精算課税制度とは

　贈与税の課税制度には、相続時精算課税制度と暦年課税制度（156ページ）があります。

　相続時精算課税制度では、お金をもらった時点では、2,500万円までいったん非課税となり、それを超えた部分については、一律20%の贈与税を支払います。その後、相続が発生したときに、相続税と贈与税を合わせて再計算するしくみになっています。

　いずれ相続で引き継ぐ財産があるのなら、住宅購入や教育資金で子どもの世代のやりくりが厳しいときに譲った方が何かと活用できます。そのような贈与については税金面で配慮しましょう、というのがこの制度の趣旨なのです。

● 住宅取得目的ならさらに大型の資金援助が受けられる

　相続時精算課税制度は、156ページで説明した贈与税の非課税枠と併用することができます。したがって、相続時精算課税制度を利用すれば、最大で**3,500万円までいったん非課税で資金援助が受けられます**。2015年より親からの贈与だけではなく祖父母（60歳以上）から、孫（贈与を受ける年の1月1日において18歳以上への贈与にも使えるようになり、一層大型の資金援助が受けられる可能性が広がりました。

　一度相続時精算課税制度を選択すると、暦年課税を使った年間110万円までの贈与は受けられなくなります。なお、2023年度の税制改正により、2024年1月1日以降に相続時精算課税制度を使って贈与した場合は年110万円の基礎控除が新設されました。これによって、基礎控除分は将来の相続が起きたときに相続財産に加算されなくなります。

相続時精算課税を活用しよう

相続時精算課税制度と暦年課税制度

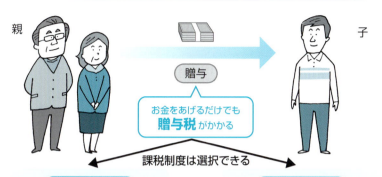

課税制度は選択できる

暦年課税
- 年間基礎控除額110万円（110万円以内の贈与には贈与税がかからない。申告も不要）
- 110万円を超える贈与には所定の計算により贈与税が課される

相続時精算課税
- 合計2,500万円までの贈与であればいったん非課税
- 2,500万円を超える部分には一律で20％の贈与税が課される
- 相続時には「生前に贈与を受けた財産」+「相続財産」で相続税額が決まる（2023年まで）

●相続時精算課税制度のイメージ（2023年まで）

合算して相続税を精算

- 相続税の基礎控除
（法定相続人の数×600万円）
+3,000万円
があるため、結果として課税されない人もいる

➕ ワンポイント

相続時精算課税制度は、義理の親子間で使うことができません。住宅購入時に妻の親から贈与を受けて頭金に使ったら、妻の持ち分を登記することが必要です。

第6章　無理なく返済するための資金計画を考える

税務署からの「お尋ね」に備える

マイホームを購入したり、相続で不動産を引き継いだりすると、税務署からお尋ねの文書が届くことがあります。しかし、お金の出所を明確にしておけば、恐れることはありません。

● 目的はお金の出所をはっきりすること

　お尋ねは、マイホームを購入したり相続で不動産を引き継いだりした人に対して、税務署が発送している文書です。全員に届くものではなく、無作為に抽出された一部の人に対して、税務署から送られています。

　お尋ねの目的は、マイホーム取得に関するお金の流れをはっきりすること。本人の収入に対してマイホームの価格が妥当であるか、お金の出所に不審な点がないかどうかなどが調査の対象となります。とはいえ、何も税務署から疑いの目を向けられている、というわけではありません。お金の流れが明確であれば、恐れることはありません。

● お尋ねに備えてやっておくこと

　お尋ねの質問項目は、マイホームの購入価格や支払い方法、購入元、前年の所得金額、頭金の調達方法など。自己資金なのか、住宅ローンなのか、贈与があったのか、お金の流れが明確に答えられるように、入出金の際には関連書類を残しておきましょう。

　自己資金については預金通帳や振込時の明細書、住宅ローンについては、ローン契約書などが役に立つはずです。

　贈与を受けた場合は確定申告を行います。**相続時精算課税制度や住宅取得資金贈与の特例を使いたいときには、翌年の確定申告の際に専用の届出書の提出が必要になります。**

　親から購入資金を借りたときには、借用書を用意しておきます。書類がないために単なる贈与とみなされてしまうと、贈与税の対象となってしまう可能性があります。

税務署からの「お尋ね」に備える

お尋ねで聞かれること

購入者本人	・職業（勤務先）　・年齢　・前年の所得　・所得の種類
共有者	・住所　・氏名　・職業　・年齢　・前年の所得　・持ち分割合 ・本人との続柄
購入した資産	・所在地　・種類（土地、建物）　・細目（構造、用途など） ・数量（面積）　・売り主の住所、氏名、本人との関係 ・購入時期（契約日、登記日）　・購入価格 ・売買契約書の有無　購入した土地の上に建物がある場合の所有者の住所、氏名、本人との関係
関連費用	・仲介手数料の金額 ・支払い先の住所、氏名、その他（登記費用等）

支払代金の調達方法

預貯金	・金額　・種類　・預入先　・名義人 ・本人との続柄	
借入金	・金額　・借入先の住所、氏名（所在地・名称） ・借入名義人　・その他借入期間、返済方法等	
資産の売却代金	・売却年月日　・金額　・種類　・数量　・売却資産の名義人　・その他購入者の住所、氏名等	
贈与を受けた資金	・金額　・受贈年月日 ・贈与者の住所、氏名、本人との続柄 ・贈与税申告の有無　・申告先税務署名	
その他	・手持ち現金　・給与　・賞与　・その他	

建築資金などの出所を調べ、必要があれば課税する

税務署

お尋ね →
← お尋ねに回答
必要に応じて課税 →

住宅を建てた人
相続した人

⚠ ここに注意

税務署からのお尋ねは、不動産の購入資金をはっきりとさせるために行われるもの。借用書や預金通帳などで入出金記録を残しておけば、何も恐れることはありません。

第6章　無理なく返済するための資金計画を考える

第6章　無理なく返済するための資金計画を考える

いくら手元にお金を残す？

住宅ローンを借りるときに、手元にいくら残しておくべきかを悩む人は多いはず。生活費やその後のライフイベントを考えて、ちょうどよい金額はどのくらいなのか探りましょう。

● 生活費の6カ月分はキープする

　頭金は多ければ多いほど、借入金額を減らすことができます。だからといって、**手元にあるお金をかき集めて、すべて頭金として入れてしまうのはおすすめできません。**

　私たちの毎日の暮らしには、思いもかけないアクシデントにあう可能性が潜んでいます。家族の誰かが急な病気やケガで入院するかもしれませんし、電化製品が壊れて新しいものを買いなおす必要が出てくるかもしれません。突然のリストラや、ボーナスカットなどがないとも限りません。こうした**不意の出費や収入ダウンに備えて、ある程度現金を手元に置いておく必要があるのです。**

　一般的には、生活費の6カ月から1年分が目安です。金額にすると150万円から200万円程度は、手元に残すようにします。

● ライフイベントにかかるお金も忘れずに

　人生の節目には、まとまったお金が出ていくタイミングがあります。半年後の両親の還暦祝いや1年後の子どもの進学や入学に伴う費用などのように、**住宅購入後1～2年後に使う予定のあるお金は、手元に残しておかなければなりません。**

　自動車の買い替えなどの予定がある場合は、それも別にしておきます。いったん頭金に入れてしまったお金を後で返してもらうわけにはいかないのです。

　たとえば、当面の生活費として150万円、子どもの進学費用として100万円で合わせて250万円は手元に残しておき、残った貯蓄を諸費用や頭金にあてるよう考えます。

いくら手元にお金を残す？

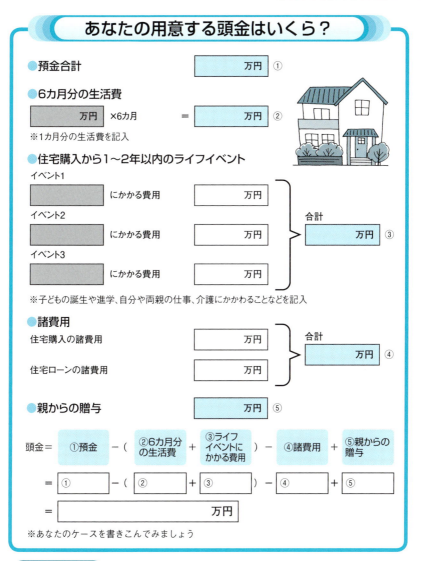

まとめ

住宅の購入時には何かとお金の出入りが多くなります。諸費用をきちんと見積もり、先々のライフイベントを見通した上で、お金の計画を立てておくことが必要です。

コラム

ある日の相談から⑥

離婚後の住宅ローンの返し方

　Gさん（40歳）は、夫と別居中。15年前に買ったマンションで息子さんと2人で暮らしています。マンションのローンは夫名義で、あと10年分残っています。現在、離婚に向けて調停を進めています。離婚後は父親が4年前に他界して空き家になっている、千葉郊外の実家に住むつもりでした。

　ところが、この春息子さんが都内の私立中学に進学することになったため、著者のところに相談にやってきました。

　通学の負担を考え、実家への引っ越しは断念せざるを得ません。実家を売却して、そのお金で狭くても通学に便利な場所に中古マンションを買うことも考えました。しかし、住んでいない家を所有期間5年以内で手放すと譲渡所得※に39％もの税金が課税されてしまいます。予定していたよりお金が手元に残らないため、こちらも難しいことがわかりました。

　結局、離婚後もGさんと息子さんが今のマンションに住み続け、Gさんが夫に家賃として5万円を払い、夫に住宅ローンを払い続けてもらうよう話し合いを進めることになりました。

※譲渡所得＝売却価格－（取得費＋仲介手数料などの譲渡費用）－控除額

第 **7** 章

1人暮らし、共働き、子育てファミリー…
ライフプラン別 住宅ローンの選び方

あなたはどんな暮らしをしていますか？将来どんな暮らしをするつもりですか？ライフプランで異なる住宅ローンの選び方を紹介します。

第7章　ライフプラン別　住宅ローンの選び方

ライフプランによって最適なローンは違う

変動金利が向く家庭と、固定金利が向く家庭。相性抜群の住宅ローンを選ぶためには、それぞれの家庭の特徴を知ることが必要です。住宅ローンは今後のライフプランを考えた上で選びましょう。

● ライフプランとの相性を考える

　住宅ローンを選ぶ際に、家族の状況や家計、仕事のスタイルなどの相性は重要な要因となります。しかも、長きにわたって返済が続くことを考えると、現在の状態だけで考えるのではなく、将来的な家庭の状態も踏まえて考えなければなりません。

　結婚、子どもの有無、進学プラン、退職までの期間、パートナーの仕事など、今後のライフプラン次第で、家庭や収入の状況が大きく変わることも予想されます。あらかじめこれらを踏まえた選択をしておくと、後悔することが少ないでしょう。

　ライフプラン表を作成するなどして、あなたのライフプランを考えてみてください。

● 家計の状況と金利タイプ

　家計の状況と住宅ローンの金利タイプの間には深いかかわりがあります。

　一般に、専業主婦家庭やシングル女性、子どもの多い家庭には、フラット35や固定期間が10年以上あるローンがおすすめです。収入が少ない家庭や住宅ローン以外の支出を多く抱える家庭では、**金利が上昇して毎月返済額がアップすると、とたんに家計が圧迫される可能性がある**からです。

　一方、共働き家庭や収入の多い家庭では、多少毎月返済額が増えたとしても対応できるので、変動金利や短期の期間選択型固定金利で当初の金利が安いものもよいでしょう。

ライフプランによって最適なローンは違う

固定金利型が向く家庭・変動金利型が向く家庭

- 年収が少ない人
- 専業主婦家庭
- 子だくさんの家庭
- シングル女性
- ほかにも返済中のローンがある人

- 年収が多い人
- DINKs
- 借入金額が少ない人
- 返済期間が短い人
- 貯蓄の多い人

どちらかというと
全期間固定金利型
または
**固定期間が10年以上ある
固定金利期間選択型**
が向いている

どちらかというと
変動金利型
または
**短期の
固定金利期間選択型**
が向いている

❗ ここに注意

変動金利を選ぶには、毎月返済額アップに対応できるだけの家計のゆとりが必要です。長期返済や融資額が大きい場合はブレが大きくなるので、特に注意しなくてはなりません。

第7章　ライフプラン別　住宅ローンの選び方

1人暮らしの住宅ローン

1人暮らしの住宅ローンの秘訣は、ライフスタイルの変更に柔軟に対応しやすいプランを組むことです。後悔のない住宅ローンの借り方のコツを押さえておきましょう。

● たくさん借りすぎない

　1人暮らしの人が住宅ローンを借りるときには、**くれぐれもたくさん借りすぎないことをおすすめします。**

　一生シングルと思っていても、急に結婚が決まったり、転職で引っ越したり、親が高齢になって実家に呼び戻されたり…。1人暮らしの人はライフプランが変わりやすいのが特徴です。

　人生の転機が訪れたときに、住宅ローンを借りていることが足かせになってしまって、身動きが取れなくなってしまった、などということにもなりかねません。目いっぱいのローンを借りてしまっては、その後のマネープラン、ライフプランを拘束してしまう可能性があるのです。

● 老後資金作りとのバランスも意識した資金計画を

　老後資金作りとの兼ね合いも、1人暮らしの人が住宅を購入する際にぜひ考えておきたいポイントです。

　夫婦2人の年金を合わせて暮らせたり、子どもと支えあったりできるファミリーと違い、1人暮らしの人は、自分の老後の生活は自分で責任を持たなければなりません。

　そのためにも、**毎月返済額が手取り月収の25％以内に収まるように計算して、借入金額を決めるとよいでしょう。**

　この割合では、教育費などの負担がない1人暮らしの人ならば、返済に少し余裕があるかもしれません。その分は、老後のための貯蓄をしたり、繰り上げ返済に回したりして、将来的な負担を軽くするよう心がけましょう。

1人暮らしの住宅ローン

1人暮らしのマンション選びのポイント

特徴
- 将来的にライフスタイルが変わる可能性がある
- 住宅ローンを1人で返済しなければならない
- ファミリーの人以上に、計画的な老後資金の準備が必要

物件選びのポイント
- 将来的な貸しやすさ、売りやすさも考える
- 中古物件も視野に入れるなどして、コストを抑える
- 賃貸の可否、ペットの可否などについて、管理規約を確認しておく

資金計画のアドバイス
- 毎月返済額を手取り月収の25％以内に抑える
- 親からの贈与なども利用して頭金を増やす
- 失業や病気などもしもに備えるための貯蓄は、頭金に使わないでとっておく

まとめ

1人暮らしの人はライフプランが変わりやすいもの。変化に対応するために、毎月返済額を手取り月給の25％以内にすることを目安にして借入金額を決めるとよいでしょう。

● 一定の広さなら税制優遇が利用できる

物件を探すときに、1人暮らし用と割り切って、ワンルームを安く購入するのも1つの方法ですが、最初から2LDK以上の広めの部屋を選んでおくのも賢い選択です。広めの部屋を選んでおけば、将来的に家族が増えたとしても住み続けることができます。

登記簿上の床面積が、一定の部屋を選べば、税制上のさまざまな優遇を受けることができます。

たとえば、不動産取得税（102ページ）や、固定資産税（212ページ）に関する優遇を受けるためには、床面積50㎡以上の条件をクリアしなければなりません。住宅ローン減税（184ページ）と住宅取得資金贈与の非課税枠（156ページ）については、2021年度税制改正で床面積の要件が40㎡以上に引き下げられ（40㎡以上50㎡未満の場合は合計所得金額1,000万円以下の人に限る）、1人暮らしのマンション購入により使いやすくなりました。

● 1人暮らしのマンション選び

ライフプランの変わりやすい1人暮らしの人は、一生ものと思って買った家でも、一生住めるとは限りません。1人暮らしの住宅購入計画は、**10年後、20年後に売ることや人に貸すこともイメージして立てることが大切です**。買えば不動産の価格が上がった時代は、過去のものとなりました。売りたいと思ったときに、住宅ローンの残債以上に不動産の価格が下がってしまっては、売るに売れない状況になることも。そうならないためにも、頭金は多めに入れるとよいでしょう。

もちろん、**資産価値が下がりにくい物件を見抜く目を養うことも大切**です。交通アクセス、日当たりのよさといった「立地」の部分と、セキュリティや管理状態のよさなどといった「マンション全体」の部分の問題は、のちの資産価値に大きく影響するので、物件選びの際には、特に厳しい目を持って選びましょう。

購入前には、近くの同じような物件がいくらで貸されているか、売りに出ているかを調べ、相場を知っておきましょう。

1人暮らしの住宅ローン

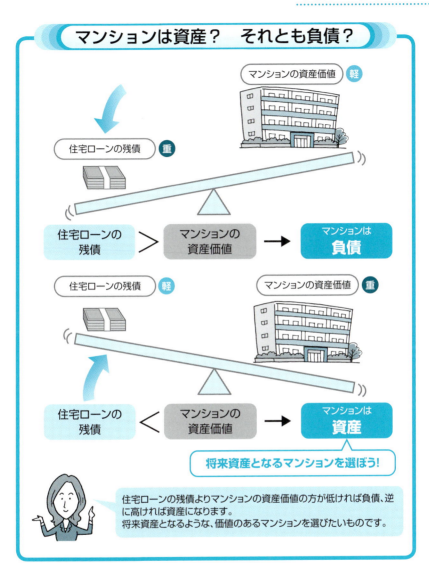

!ここに注意

登記簿上の床面積は、内法面積（うちのり）を使います。この場合、不動産広告でよく用いられる壁芯面積（かべしん）よりもやや狭くなるので注意が必要です。

第7章 ライフプラン別 住宅ローンの選び方

第7章　ライフプラン別　住宅ローンの選び方

共働き家庭の住宅ローン

共働き家庭の資金計画は、妻が定年まで仕事を続けるつもりがあるかどうかによって変わります。将来的な予定が見えないなら、妻の収入に頼りすぎない計画がおすすめです。

● 共働き家庭の住宅ローンの特徴

夫婦で力を合わせて住宅ローンを返済していくには、ペアローン（84ページ）を組んで夫婦それぞれが住宅ローンを返す方法と、ローンは夫（妻）名義で借りて、家計は2人の収入でやりくりしていく方法があります。

共働き家庭は、収入源が2つあるので比較的収入も多め。**多少の返済額の変動にも対応が可能なので、変動金利や短期の固定金利期間選択型の住宅ローンを借りやすい家庭**といえるでしょう。幅広い選択肢の中から住宅ローンを選べるのは、共働きのいいところです。

また、その気になれば、繰り上げ返済もしやすいはずです。手数料がかからず、インターネットで簡単に手続きできる住宅ローンを利用するとよいでしょう。

● 持分の登記は実態に合わせる

家が誰の資産かを公的に示すのが登記です。登記の際の持分割合は、実態に合っていなければなりません。ですから夫婦がそれぞれの名義で住宅ローンを借りた場合は、住宅は共有名義とし、資金の負担割合に応じて持分を登記します。これは、それぞれの貯蓄や親から住宅取得資金贈与の特例を使って贈与された資金で頭金を負担した場合も同様です。もし、妻もお金を出しているのに、夫の名義だけにしていると妻から夫への贈与とみなされてしまいます。逆に、ペアローンを組んでそれぞれの持分を登記したのに、妻が仕事を辞めてしまい、夫の給与から妻のローンを返しているケースは、夫から妻への贈与になります。

172

共働き家庭のマイホーム選びのポイント

特徴

- 収入源が2つあるのでリスクが低い
- 夫婦別々に住宅ローンを借りられる
- 生活費が膨らみがち

物件選びのポイント

- 交通の便がよく、買い物のしやすい立地で選ぶ
- 出産後も妻が仕事を続けたいなら、保育園や実家への近さも考慮

資金計画のアドバイス

- 変動金利型や短期の固定金利期間選択型の住宅ローンが利用しやすい
- 夫婦それぞれが住宅ローンを借りる場合、妻が近い将来仕事を辞める可能性があるなら、妻のローンは少なめに設定。優先的に繰り上げ返済をして短期間での完済を目指す
- 高額の物件を購入するなら、頭金をしっかり準備する
- お金を出す割合に応じて、持分を登記する
- 住宅ローンを2人で借りれば、それぞれが住宅ローン控除を使える
- 夫(妻)の年収だけで収入基準を満たさない場合、妻(夫)の収入も合算できる

● 責任と資産がわかりやすいペアローン

　2人で借りるペアローンなら借入額を増やすことも可能ですし、夫婦で住宅ローン控除が受けられます。将来のライフスタイルや金利動向の変化を見越して、2人が金利タイプや返済期間の異なる住宅ローンを利用し、夫婦でリスクが分散できるのもペアローンのメリットです。それぞれの返済額と持分の登記をはっきりさせることで、お互いの責任と資産を明確にできるのも良い点です。

　ただし、途中で妻（夫）が仕事を辞めてしまうと、場合によっては妻（夫）名義の住宅ローンを夫（妻）名義に変更するため、住宅ローンの借り換えや登記の持分変更など手間もお金もかかるのが注意点です。

　現在、共働きをしていても、出産や子育てにより妻が仕事を続けられなくなる可能性があるのなら、妻の収入に頼りすぎないローン設計をしなければなりません。そこでおすすめなのが、**妻の住宅ローンを少なめに設定したり、期間を短めにしたりしておき、優先的に繰り上げ返済していく方法です。**こうしておけば、もしも途中で仕事を辞めても、後に残る負担を軽くできますし、うまくすれば退職金で完済できるかもしれません。妻のローン完済後はその分を教育費に回せるので家計のやりくりも楽になります。

● DINKs家庭の住宅ローン

　2人だけの生活を謳歌しているDINKsの家庭は、レジャーや外食に生活費が膨らみがちです。住宅購入に関しても、2人の収入を前提に、大型の住宅ローンを借りてしまいがちでしょう。順調に返済できていれば問題ありません。しかし、気をつけなくてはならないのは、30代後半になってから急に子どもが欲しくなるケース。遅く子どもを授かった場合、定年後に教育費が残ることも考えられます。**出産を機に妻が仕事を辞めることになると、その後のマネープランが大きく変わるかもしれない**ので注意が必要です。

　住宅購入の前に、夫婦でライフプランについてよく話し合うとともに、高額の物件を買うなら、頭金をしっかりと準備しましょう。

共働き家庭の住宅ローン

共働き家庭におすすめのペアローンプラン

① これからもずっと共働き家庭のローン例

妻のローン
変動金利、短期の固定金利期間選択型など

夫のローン
固定金利期間選択型で10年以上固定

金利合計／年数

> 資金の余裕があるからこそ、目先の金利が安い変動金利を利用できる

② 近い将来、妻が仕事を辞める可能性がある共働き家庭のローン例

妻のローン
変動金利、短期の固定金利期間選択型など

繰り上げ返済

夫のローン
フラット35または固定金利期間選択型で10年以上固定

金利合計／年数

> 妻は少なめのローンを短期で借りる。優先的に繰り上げ返済をして、退職後にローンを残さないように

うちはどちらのパターンになるだろうなぁ

🏥 ワンポイント

収入に余裕のある共働き家庭は、生活費が膨らみがちです。住宅ローン返済と同じに老後資金作りも計画的に行わないと、後で困ることになりかねません。

第7章 ライフプラン別 住宅ローンの選び方

● 収入合算で融資額を増やす

　そもそも、住宅ローンが借りられるかどうかは、ローン申込者の収入と深いかかわりがあります。一般的には、年間返済額が年収の30%〜40%程度といった基準があり（140ページ）、これをクリアしなければ審査が通らないのです。

　夫のみで住宅ローンを借りたいけれど、夫の収入だけでは基準に満たないならば、**夫婦の年収を合計して、ローンを申し込むことができます**。これが「収入合算」の考え方です。収入が安定して続いているかの審査はあるものの、妻がパート勤務など正社員でなくても、収入を合算することができます。とはいえ、無計画に融資額を増やすばかりが得策とはいえません。妻が仕事を続けるかなど、将来の収入も考えて借りることが大切です。

　一般的に、民間の金融機関のローンでは、収入合算する相手の収入は、申込者の収入の50%までという決まりがあります。

　収入合算のルールは借りるローンによって違うので、利用したいなら事前に金融機関に確認するとよいでしょう。

● 連帯債務と連帯保証

　収入合算した場合、妻は連帯債務者か連帯保証人になります。

　一般的に夫の返済が滞ったときにはじめて返済義務が生じる連帯保証人と違い、連帯債務者である妻は初めから夫と同等に返済責任が生じます。つまり、お金の貸し手から見ると、夫婦どちらにでもローン返済を請求することができるわけです。

　連帯債務者になると、責任が大きい分できることが増えます。年収割合に応じて妻も住宅ローン減税を申請できますし、持分割合の登記も可能です。フラット35では連帯債務者であれば夫婦のどちらかに万が一があった場合に残債がなくなる、夫婦連生タイプの団信が選べます。連帯保証人になるか連帯債務者になるかは、ローンによって決まっていて、民間ローンの収入合算では連帯保証人になることが多いようです。

176

共働き家庭の住宅ローン

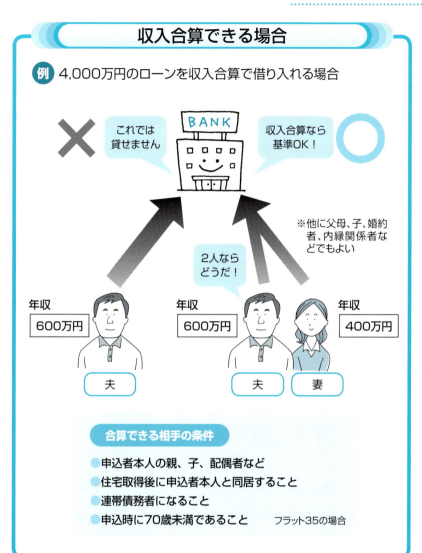

ワンポイント

収入合算はローンの借り手から見て意外と広い範囲の人が対象になります。金融機関によって条件は異なりますが、親など同居予定者が現役で働いていれば収入合算できます。

第7章　ライフプラン別　住宅ローンの選び方

子育てファミリーの住宅ローン

会社員のお父さんに専業主婦のお母さんと子どもの家庭。一見、よくある家庭の形ですが、実は住宅ローンの返済、生活費、教育費が父親1人の肩にかかる一番リスクの高いパターンなのです。

● 子育てファミリーの資金計画

　働き手が1人の専業主婦家庭では、家計に余裕があるところは比較的少ないはずです。子どもの成長とともに教育費などの出費もかさむことを考えると、**物件選びで無理をせず、借入金額を抑える工夫が必要です。**

　そのために、毎月返済額が手取り月収の25％以内（144ページ）、返済期間が定年退職の年齢までになるよう、借入金額を計算します。そうして算出した金額に、頭金を合わせた予算で、物件を探すようにしましょう。

　金利タイプは、スタート時に総返済額が確定するフラット35などの固定金利型がおすすめです。フラット35や財形住宅融資には子育て中なら金利優遇が受けられるローンもあります。

　これではどうしても予算が少ない、というのであれば、返済期間を少し延ばして再計算するとよいでしょう。子育てが一段落したら、妻がパートに出るなどして繰り上げ返済し、返済期間を縮め、定年までの完済を目指します。

● 住宅ローンを2本に分けてリスクを分散

　金利タイプや返済期間が違う住宅ローンを2本に分けて借り、リスクを分散する方法は、子育てファミリーの場合も有効です。

　教育費のピークは、子どもが高校生、大学生のとき。したがって、1本は定年退職を目安にした返済期間にして、もう1本は10〜15年程度と短めの返済期間に設定した上で、短い方は子どもが高校生になるまでに払い終えてしまうのもよい方法です。

子育てファミリーの住宅ローン

子育てファミリーのマイホーム選びのポイント

特徴

- ライフスタイルがすでに確立している
- 収入源が1つで返済リスクが高い
- 教育費がかかる

物件選びのポイント

- 子育て環境のいいところ
- 子どもの成長を見越した間取り

資金計画のアドバイス

- 全期間固定金利型もしくは固定期間のある固定金利期間選択型で10年以上固定する方法が利用しやすい
- 2本に分けて住宅ローンを借りるなら、1本は子どもの教育費がピークになる前に完済できるよう短めに設定する
- 毎月返済額を手取り月収の25%以内に抑える
- 妻の貯蓄で頭金を出した場合、その割合に応じて夫婦の共有名義で登記する

まとめ

子育てファミリーは教育費と住宅ローン返済のペース配分がポイントです。住宅ローンの返済と並行して教育費を貯めていけるように、余裕を持った返済計画を立てましょう。

第7章　ライフプラン別　住宅ローンの選び方

2世帯で暮らす家庭の住宅ローン

経済的にも精神的にも支え合える2世帯住宅ですが、一歩間違えると大きなトラブルを生むことにもなりかねません。2世帯住宅ならではの資金計画の特徴を知っておきましょう。

● 2世帯住宅の資金計画

　2世帯住宅は、子世代にとっては子育てを助けてもらえ、親世代にとっては子どもがそばにいる安心感があります。親子で精神的に支え合うことができるのが特徴です。資金面でも、お互いに協力して住宅ローンを返済できるのがよいところ。**子ども名義で住宅ローンを借りるときに、収入基準を満たさなければ、親の収入も合わせて審査してもらえます。**

　親子リレーローンや親子ペアローンなど、多彩なプランを利用しやすいのも、2世帯ならではのメリットです。

● 2世帯住宅の注意点

　一方で、2世帯ならではの注意点もあります。たとえば、親の土地に子どもが建物を建てた場合、相続時に土地の所有権について兄弟間でトラブルになることがあります。**後々もめないようにするためには、遺言書の準備や、預金や保険など土地以外の相続財産を兄弟に用意するなどの対策**が必要です。

　2世帯住宅は、建物が大きくなりがちです。その分メンテナンス費用もかさみます。購入後に発生する費用を誰が負担するか最初に決めておいた方がよいでしょう。

　一緒に住んではみたものの折り合いが悪く、どちらかが出ていくといったことも残念ながらよくある話です。そうなっては、親子で協力して返すつもりの返済計画が大きくくるってしまうことになりかねません。**感情面の破たんが、経済面での破たんに直結するのが、2世帯住宅の注意点**といえるでしょう。

2世帯で暮らす家庭の住宅ローン

2世帯家庭のマイホーム選びのポイント

特徴

- 親子で協力して住宅ローンを返済できる
- 親子別々に住宅ローンを借りられる
- 家の構造によって登記の方法が変わる
- 感情面でのトラブルで返済計画がくるうことがある

物件選びのポイント

- ライフスタイルや親子関係に合った間取りを選ぶ

資金計画のアドバイス

- 親子リレーローンや親子ペアローンを利用しやすい
- 子（親）の年収だけでは住宅ローンの収入基準を満たさない場合、親（子）の収入も合算できる
- 親からの資金援助が大きい場合、将来的に兄弟ともめないように、遺言や保険などの対策が必要
- 登記の方法によって、利用できるローンや受けられる税金面での優遇が変わる

第7章 ライフプラン別 住宅ローンの選び方

コラム
ある日の相談から ⑦

借り換えで返済総額を減らす！

　Hさん（38歳）は、母親、小学4年生の娘と暮らすシングルマザーです。4年前、都内に2LDKのマンションを3,390万円で購入し、3人で住んでいます。途中何度か繰り上げ返済をしたので、現在の住宅ローン残高は、2,660万円。毎月の返済額は11万6,000円で、このままのペースで返すと、今後の返済額の試算は3,480万円になります。

　返済中のローンは、民間の金融機関のもので、10年固定で2.3％と、現在の水準からみると高めなので、借り換えをしたいとの相談を受けました。

　そこで、当初固定期間10年、優遇金利を使える他行の住宅ローンを提案したところ、0.7％の金利で借りることができました。返済期間を3年縮めて60歳完済にすると、借り換え後の毎月返済額は10万9,000円、今後の返済総額の試算は、2,878万円になりました。毎月の負担を7,000円、また、総返済額を602万円、それぞれ抑えることができたのです。

　借り換えの費用は、保証料無料のローンを利用できたこともあり、30万円で済みました。結局、トータルでは572万円ほど支出を抑えることができました。

第 **8** 章

繰り上げ返済、借り換え、返済条件変更…
購入後のローンと かしこく付き合おう

住宅ローンを借りられたらゴール…ではなく、むしろスタートです。減税や繰り上げ返済のしくみを使って、上手に返済していきましょう。

第8章　購入後のローンとかしこく付き合おう

住宅ローン減税で税金が戻ってくる

住宅ローン減税は、住宅ローンを借りてマイホームを購入した人に対して、支払った所得税や住民税が還付される制度です。借り得をなくすため、控除率が0.7％に引き下げられました。

● 確定申告で税金が差し引ける

　住宅ローン減税とは、一定条件を満たして、対象となるマイホームを購入・リフォームするために住宅ローンを借りると、住宅ローン残高に応じて税金の一部が戻ってくる制度です（確定申告が必要）。

　住宅買い控えを緩和すべく、制度内容はこれまで拡大傾向にありましたが、2022年の税制改正では、制度自体は2025年まで4年延長されることになったものの、その内容は全体的に縮小方向への見直しとなりました。中でも影響が大きいのが控除率の引き下げで、これまで1％だったものが2022年1月以降は住宅ローンの年末残高の0.7％にあたる金額を所得税、住民税から差し引くことになったのです。

　控除期間については、新築住宅や不動産会社が買い取った中古住宅をリフォームして販売する買取再販住宅なら13年使えます。2024年以降の入居については、認定住宅など環境に配慮した質の高い住宅は引き続き13年間なのに対し、一般の新築住宅、買取再販住宅の控除期間は10年間になります。個人間の売買など消費税がかからない住宅の適用期間は、入居の時期にかかわらず10年間の適用です。

● 住宅ローン減税で住民税も戻ってくる

　所得税から控除しきれなかった控除額は、翌年の住民税から控除することができます。たとえば一般住宅の場合、住宅ローンの年末残高が2,000万円なら、控除額は計算上14万円になります。その年の所得税が10万円の場合、差額が翌年の住民税から控除されるわけです。

　住民税から控除することができる住宅ローン減税の控除額についても制度の縮小があり、2022年1月以降は、総所得の5％、上限9万7,500円となっています。

住宅ローン減税で税金が戻ってくる

住宅ローン減税の概要

	居住年	新築住宅／買取再版住宅		中古住宅	
		認定住宅など	それ以外	認定住宅など	それ以外
控除率		0.70%			
控除期間	2022年 2023年	13年	13年	10年	10年
	2024年 2025年		10年		
ローン限度額	2022年 2023年	長期優良住宅 5,000万円 低炭素住宅 5,000万円 ZEH水準 4,500万円 省エネ基準 4,000万円	3,000 万円	長期優良 住宅 低炭素住宅 ZEH水準 省エネ基準 3,000万円	2,000 万円
	2024年 2025年	長期優良住宅 4,500万円 低炭素住宅 4,500万円 ZEH水準 3,500万円 省エネ基準 3,000万円	0円[※1] ※1 2023 年までに建 築が確認さ れている場 合は2,000 万円		
対象住宅		1. 住宅の取得建築 2. 住宅の取得とともにする敷地の取得 3. 一定の増改築 床面積が50㎡以上あること ただし、合計所得金額が1,000万円以下の年は40㎡以上 中古住宅の場合、1982年以降に建築された住宅			

第8章 購入後のローンとかしこく付き合おう

➕ ワンポイント

2024年以降に新築の建築確認を受けた住宅が、省エネ基準を満たさなければ住宅ローン控除の対象外になります。

● 長期優良住宅等で減税額アップ

　巻頭特集（9ページ）でも取り上げたように、住宅の性能によって控除対象となる住宅ローンの上限額が段階的に設定された点も、改正後の大きな変更点です。

　2023年末までに入居する場合、一般の新築、買取再販住宅の上限額が3,000万円になりました。これに対し、耐久性や耐震性、バリアフリー性、省エネ性などについて一定の条件を満たした「長期優良住宅」や、高い断熱性や太陽光発電設備、給湯設備を持つ「認定低炭素住宅」を購入する場合は、上限額が5,000万円まで引き上げられます。住宅の性能については細かくランク分けされ、認定住宅には該当しない場合も省エネ住宅基準、ZEH水準を満たせば、それぞれ上限額が上乗せされます。

　なお、2024年以降に入居する場合は、それぞれの基準とも上限額の引き下げが決まっています。それぞれの上限額については9ページの表でもまとめていますが、住宅の性能や入居の時期によって変わり、自分では判断がつきにくいので、購入を検討する物件が住宅ローン減税をいくらまで使えるかは、住宅メーカーや不動産業者に確認するとよいでしょう。

● コンパクトマンションも利用可能に

　2021年度の税制改正で住宅ローン控除適用の床面積の要件が緩和され、40㎡以上の物件で利用できるようになりました。ライフスタイルの多様化に対応し、一人暮らしの人などが購入しやすいコンパクトマンションにも利用できるようになったのです。ただし、高額所得者が節税目的で購入する投資用物件は含まれないよう、合計所得金額1,000万円以下の年に利用する場合に限られています。なお、50㎡以上の物件については、2022年1月以降、利用者の所得の上限が1,000万円引き下げられ合計所得金額2,000万円以下となりました。一連の改正は、高所得で大型のローンを組む人が得をするのではなく、中間所得層に対し質の良い住宅の購入を応援する見直しとなっています。

住宅ローン減税で税金が戻ってくる

長期優良住宅の認定基準

長期に使用するための構造

劣化対策（少なくとも100年は使える）
耐震性（地震に強い）
可変性（ライフスタイルに合わせて間取りが変えられる）
省エネ、バリアフリーなどへの配慮

居住環境などへの配慮

良好な景観の形成その他の地域における居住環境の維持及び向上に配慮されている

住居面積

一戸建て…75m²以上
共同住宅など…55m²以上
（上記は原則、例外あり）

維持保全の期間・方法

将来を見据えて、定期的な点検・補修などの計画が策定されている

➕ ワンポイント

2022年の改正で、中古住宅の築年数に関する要件が緩和され、1982年以降に建築された住宅であれば住宅ローン減税の対象となりました。

第8章　購入後のローンとかしこく付き合おう

住宅ローン減税を受ける手順

住宅ローン減税を受けるためには、入居した翌年に確定申告をしましょう。会社員の方は、1年目こそ確定申告が必要ですが、2年目からは会社の年末調整で手続きできます。

● 1年目は確定申告が必要

住宅ローン減税を受けるには、確定申告が必要です。マイホームを購入して、入居した翌年の2月16日から3月15日（暦によって多少ずれることもあります）の間に、税務署で手続きをします。

確定申告の際には、マイナンバーカードなどと本人確認書類の写し、登記簿謄本、源泉徴収票などいくつかの書類が必要です。書類の入手先はさまざまなので、直前になってあわてないよう、前もって必要な書類を手配しましょう（2023年以降に居住の場合、「住宅取得資金に係る借入金の年末残高等証明書」の提出は不要になりました）。

確定申告は、郵送やインターネットからも行うことができます。しかし、**直接係の人に用意した資料一式を確認してもらえば、不備のある点を指摘してもらえるので、不安なら会場に足を運ぶ方がよいで**しょう。

● 2年目は年末調整で手続きできる

所得税の還付金は、確定申告のときに指定した口座に、後日振り込まれます。

会社員の場合、2年目以降は確定申告しなくても、年末調整によって住宅ローン控除を受けられます。勤務先に、税務署から届く「給与所得者の（特定増改築等）住宅借入金等特別控除申告書兼・年末調整のための（特定増改築等）住宅借入金等特別控除証明書」を提出すれば手続きが完了します。

住民税の減税については、別途手続きは不要です。所得税の確定申告をすれば、市区町村にも連絡され、自動的に住民税が控除されます。

住宅ローン減税を受ける手順

住宅ローン減税の手続きと必要書類

● 初年度の手続き

- 手続き　　　確定申告
- 時期　　　　入居翌年の確定申告時期（原則2月16日〜3月15日頃）
- 書類提出先　税務署

必要書類	入手先
マイナンバーカード※1	市区町村役場
確定申告書	税務署、国税庁HP
住宅借入金等特別控除額の計算明細書	税務署、国税庁HP
家屋・土地等の登記事項証明書（全部または一部）	法務局の出張所
不動産売買契約書(請負契約書)の写し	不動産会社など
住宅取得資金に係る借入金の融資額残高証明書	金融機関
住宅省エネルギー性能証明書等	発行対応機関※2

- ※1　もしくは「マイナンバー通知カードまたはマイナンバーが記載されている住民票」＋「運転免許証やパスポートなどの本人確認書類」
- ※2　発行対応機関は国土交通省HPに掲載
  https://www.mlit.go.jp/jutakukentiku/house/jutakukentiku_house_tk2_000054.html

● 2年目以降の手続き（2023年以降居住、会社員の場合※）

- 手続き　　　年末調整
- 時期　　　　会社の年末調整時期（12月頃）
- 書類提出先　勤務先

必要書類	入手先
給与所得者の（特定増改築等）住宅借入金等特別控除申告書兼・年末調整のための（特定増改築等）住宅借入金等特別控除証明書	税務署

※自営業者は2年目以降も確定申告で手続きする

➕ ワンポイント

ＺＥＨ水準省エネ住宅・省エネ基準適合住宅を新築または取得し限度額の上乗せ措置の適用を受けるためには、住宅省エネルギー性能証明書等の書類を用意する必要があります。

第8章　購入後のローンとかしこく付き合おう

第8章　購入後のローンとかしこく付き合おう

生命保険の見直しで家計のダイエット

民間の住宅ローンを借りるときには、団体信用生命保険への加入が義務づけられています。ローン契約者に万が一のことがあったら、住宅ローンの支払いが免除されるので安心です。

● 団体信用生命保険とは

　団体信用生命保険（通称、「団信」）は、住宅ローンの契約者が亡くなったり高度障害を負ったりした場合に、**その時点の住宅ローン残債分の保険金が支払われる生命保険**のことをいいます。

　この保険に加入していれば、ローン契約者に万が一のことがあった場合には、保険会社から金融機関に対して、ローンの残債相当額が保険金として支払われます。そのため、ローン契約者は、家族に家を財産として残すことができるのです。

　民間ローンや財形住宅融資では団信への加入が義務となっています。フラット35は2017年10月から団信付き住宅ローンになりました（健康等の事情で団信に加入しない場合でもフラット35は利用できます）。

● 生命保険見直しのチャンス

　団信つきでマイホームを購入したときには、1,000万円程度、生命保険の死亡保障を減額することができます。なぜなら、**団信加入済みのマイホームがあれば、もしものときに住宅ローンを完済した家を家族に残すことができるからです**。生命保険で備える金額は、遺族のその後の生活費から、遺族年金などの公的保障や貯蓄を差し引いた額となります。仮に、賃貸暮らしで亡くなったときには、その後も一生家賃の支払いが発生します。しかし、団信に加入していれば、その後の住居費の心配がなくなる分、遺族の生活費を大幅に軽減できます。

　また、遺された家に住み続ける以外にも、売却してまとまったお金を手にすることや、人に貸して賃貸収入を得ることもできます。団信加入で、家という資産を遺族が活用しやすくなるのです。

生命保険の見直しで家計のダイエット

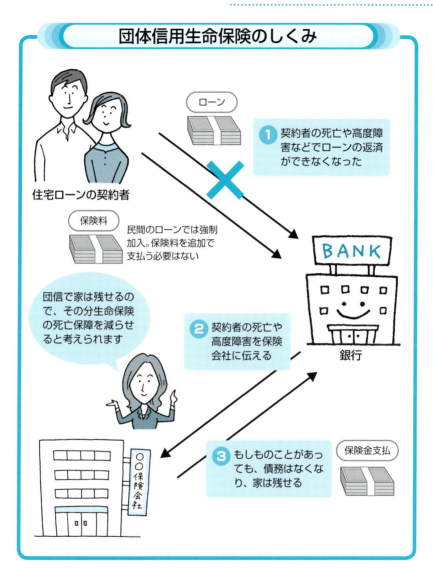

団体信用生命保険のしくみ

住宅ローンの契約者

保険料　民間のローンでは強制加入。保険料を追加で支払う必要はない

団信で家は残せるので、その分生命保険の死亡保障を減らせると考えられます

ローン

1. 契約者の死亡や高度障害などでローンの返済ができなくなった
2. 契約者の死亡や高度障害を保険会社に伝える
3. もしものことがあっても、債務はなくなり、家は残せる

保険金支払

銀行

○○保険会社

➕ ワンポイント

がん保障付や八大疾病保障など保障範囲が広い団信の住宅ローンを組んだら、シンプルな死亡保障に限らず、総合的な保険見直しができるかもしれません。

第8章 購入後のローンとかしこく付き合おう

繰り上げ返済で総返済額を大幅カット

手元に余裕資金ができたら繰り上げ返済を検討しましょう。返済期間を短くする「期間短縮型」は、毎月の返済額を減らす「返済額軽減型」よりも利息を効果的に減らせます。

● 繰り上げ返済で元金が早く返せる

繰り上げ返済とは、通常のローン返済とは別に、まとまった資金を一時金として差し入れて、元金を返済することです。**内入れとも呼ばれます**。

差し入れた一時金、つまり内入れしたお金はすべて元金の返済にあてられます。そのため、本来かかるはずだった利息が不要になり、総返済額を大きく減らす効果が期待できます。また、繰り上げ返済すると、保証料が一部戻る場合もあります。

繰り上げ返済には、2つの方法があります。**1つが返済期間を短くする「期間短縮型」**。もう1つが、返済期間を変えずに毎月返済額を圧縮する「返済額軽減型」です。

● 期間短縮型は利息を減らす効果が高い

2つの方法のうち、**利息の軽減効果が大きいのは、期間短縮型です**。少しでも総支払額を抑えたいならば、期間短縮型の繰り上げ返済をおすすめします。

住宅ローンを借りるときには、毎月返済額を低くした方が、審査に通りやすくなります。そのため、本来、年齢を考えれば短めのローンを借りた方がよいものの、そうすると毎月返済額が高くなってしまい審査が通らないため、35年目いっぱいのローンを借りる人がいます。

もし35歳のときに35年のローンを借りると、普通に返済が終わるのは70歳になります。退職金をあてにせず、定年までに返し終えるためには、返済がスタートしてから繰り上げ返済をして、返済期間を縮めていく方法が有効です。

繰り上げ返済で総返済額を大幅カット

繰り上げ返済（期間短縮型）のしくみ

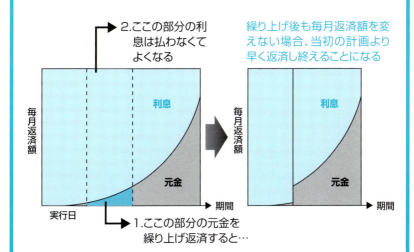

第8章 購入後のローンとかしこく付き合おう

例 借入金額3,000万円、返済期間30年を
固定金利1.5％、元利均等返済、ボーナス返済なしで返す場合
3年支払後に100万円を繰り上げ返済したときの期間短縮効果は？

通常の残高推移

支払期間	元本残高
1年	29,202,093
2年	28,392,131
3年	27,569,937
4年	26,735,326
5年	25,888,107
6年	25,028,096
7年	24,115,094
30年	0

100万円を繰り上げ返済

期間短縮型の残高推移

支払期間	元本残高
1年	29,202,093
2年	28,392,131
3年	27,569,937
4年	25,721,488
5年	24,858,957
6年	23,983,400
7年	23,094,620
28年10カ月	0

元本残高が通常より1年以上早く減少

1年2カ月早く返済が終了

● 返済額軽減型は家計の負担を軽くする

繰り上げ返済のもう1つの方法は、**返済期間を変えないで、1回あたりの返済額を少なくする返済額軽減型**です。返済額軽減型を選ぶと、毎月返済額を減らせるので、家計の負担は軽くなり、月々のキャッシュフローを改善できます。利息を減らす効果という面では、期間短縮型に劣る返済額軽減型ですが、実際に住宅ローンを返済していくなかでは、使い勝手がよいことが多くあります。

たとえば、住宅ローンの返済と教育費のピークが重なったときや、収入が減って家計がピンチのときなど家計を立て直すにはぴったりでしょう。特に、返済額軽減型の繰り上げ返済を上手に使いたいのが、変動金利や固定期間選択型の住宅ローンを借りている人です。

このタイプの住宅ローンを借りている人は、**金利が上昇したら、毎月返済額がはね上がってしまうリスクを抱えています**。もしもの金利上昇に備えて、まとまったお金を準備しておけば、毎月返済額がアップしたというときにも対応できます。そのお金を返済額軽減型で繰り上げ返済することで、毎月負担額を抑えられ、金利上昇による返済額アップの負担を緩和できるでしょう。

● 住宅ローン減税に影響しないよう気をつける

住宅ローン減税を受けるためには、ローンの返済期間が10年以上あるという条件を満たさなければなりません。もともと返済期間が短めの人が繰り上げ返済をして、うっかり返済期間が最初にローンを返済した月から10年をきってしまうと、住宅ローン控除が受けられなくなるので注意が必要です。ただし、20年ローンを借りた人が7年目に繰り上げ返済して残りの期間が8年になった場合のように、最初にローンを返済した月から10年以上返済期間があれば問題なくローン減税は使えます。

住宅ローン減税の控除額は、12月末の住宅ローン残高を基準に計算されるため、年末に繰り上げ返済しないで年が明けてからにした方が有利なこともあります。

繰り上げ返済で総返済額を大幅カット

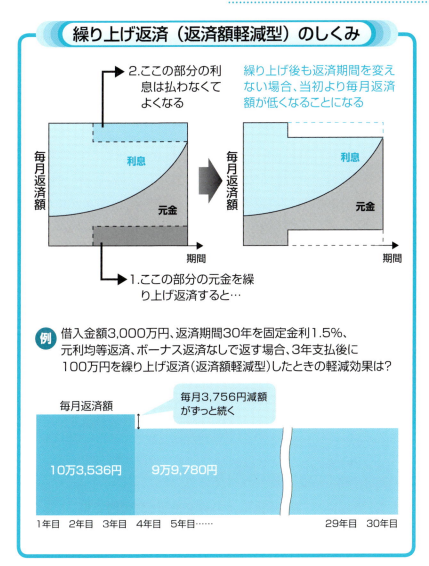

まとめ

繰り上げ返済のなかでも利息を減らす効果が大きいのは「期間短縮型」です。それに対して、家計のキャッシュフロー改善に役立つのは、「返済額軽減型」です。

第8章 購入後のローンとかしこく付き合おう

繰り上げ返済は早めにするほど得

期間短縮型の繰り上げ返済は、早くすればするほど利息を減らす効果が大きくなります。同じ100万円を繰り上げた場合でも、ローン開始1年後と10年後ではその効果が異なります。

● 利息をいくら減らせるかを考えて

繰り上げ返済をするなら、**早くするほど利息軽減の効果が高くなります**。たとえば、3,000万円のローンを金利1.5％で借りている人が100万円を期間短縮型で繰り上げ返済する場合、ローン開始1年後なら約53万円の利息を減らすことができますが、ローン開始10年後では約34万円しか減らせなくなってしまいます。

複数のローンを借りている場合、金利が高いものから返済した方が利息軽減の効果は大きくなります。ただし、たとえば借り入れ当初10年間のみ優遇金利が適用されている「当初10年間固定金利」の場合は、優遇期間内に繰り上げ返済をしても当初10年間は優遇金利が適用されるため、結果として優遇が終わった後の高金利期間を短くできます。目先の金利だけを比べずに、長い目で見てどちらが得になるかを考えましょう。

● 繰り上げ返済には手数料がかかる

繰り上げ返済は、**早い時期にすればするほど効果的です**。したがって、繰り上げ返済のためにある程度まとまったお金が貯まるのを待つより、こまめに繰り上げする方が、利息軽減効果は大きくなります。

しかし、繰り上げ返済には手数料がかかることもあります。手数料は金融機関によって違いますし、100万円未満ならば5,400円、100万円以上ならば2万1,600円などというように、返済額によって変わる場合もあります。ここのところ、繰り上げ返済手数料を無料にしているローンが増えています。最初からこのタイプのローンを選んでおけば、費用を気にせず繰り上げ返済しやすいでしょう。

繰り上げ返済の効果

例 借入金額3,000万円、返済期間30年を
固定金利1.5％、元利均等返済、ボーナス返済なしで返す場合
100万円を繰り上げすると…

● 返済額軽減型と期間短縮型の比較（返済3年後に繰り上げ）

期間短縮型の方が利息の軽減効果が大きい

返済額軽減型
- 毎月返済額（次回の返済から）　9万9,780円
- 残り返済期間　27年0カ月
- 減少する利息額　21万6,716円

期間短縮型
- 毎月返済額（次回の返済から）　10万3,536円
- 残り返済期間　25年10カ月
- 減少する利息額　48万6,437円

● 繰り上げ返済時期の比較（期間短縮型の場合）

早く繰り上げ返済するほど利息の軽減効果が大きい

返済開始1年後に繰り上げ返済
- 毎月返済額（次回の返済から）　10万3,536円
- 残り返済期間　27年10カ月
- 減少する利息額　53万1,260円

返済開始10年後に繰り上げ返済
- 毎月返済額（次回の返済から）　10万3,536円
- 残り返済期間　19年
- 減少する利息額　33万9,555円

➕ ワンポイント

返済金利がローン減税の控除率を上回らなければ、急いで繰り上げ返済せずに住宅ローン減税の恩恵を受ける方がよいこともあります。

第8章　購入後のローンとかしこく付き合おう

金利上昇時の住宅ローン

長らく低水準が続いた住宅ローン金利ですが、2022年は変化の兆しがありました。変動金利で借りる人は金利上昇に備えて対策を考えておくことが必要です。

● より慎重な返済計画が必要に

　変動金利型の住宅ローンは多くが日銀の金融政策と関係の深い短期プライムレートに影響を受けます。2023年5月現在、日銀は金融緩和継続の姿勢を見せ、短期プライムレートも低い水準にとどまっていますが、今後円安や資源高を背景に日本のインフレが進めば、金融政策が見直され結果として変動金利が上昇することも考えられます。すぐに変化がなくても5年先、10年先で金利が上昇して毎月返済額が上がったときに、0.5％前後の低金利で計算した返済額を前提にした返済計画では、家計が破綻するかもしれないのです。

● 繰り上げ返済で金利上昇の影響をカバーする

　金利上昇リスクに備えて固定金利への借り換えを検討するなら、早めに動く必要があります。金利は通常固定期間が長いものから上がるので、変動金利が上がってから借り換えると今の固定金利より高い金利水準になってしまうからです。

　変動金利を継続しながら元本を少しでも減らしていくという選択もあるでしょう。毎月返済額が同じなら、低金利で借りたほうが元本返済に回る金額は多くなるからです。その場合は、将来の金利上昇に備えて手元の貯蓄を増やしておくとよいでしょう。

　繰り上げ返済をして返済額が軽減できれば、金利上昇による返済額アップの影響をカバーすることができます。3,000万円を返済期間30年変動金利0.5％で借りたと仮定したときの毎月返済額は8万9,756円です。同じ条件で固定金利1.5％で借りたと仮定すると毎月返済額は10万3,536円になるので、差額の1万3,780円を積み立てて、将来の繰り上げ返済資金を準備しておくといざというとき安心です。

金利上昇時の住宅ローン

金利上昇時に繰り上げ返済したら

例 借入金額3,000万円、返済期間30年を
変動金利、元利均等返済で返す場合

返済年数	金利	毎月返済額
1〜5年目	0.5%	89,756円

6年目　金利1%になったら……

5年後に
返済額軽減型で
繰り上げ返済すると……

繰り上げ返済
143万円

繰り上げ返済
100万円

毎月返済額

89,986円

繰り上げ返済
0円

毎月返済額

91,607円

毎月返済額

95,375円

手元資金があれば
繰り上げ返済で返
済額アップに対応
できます

第8章 購入後のローンとかしこく付き合おう

✒ まとめ

**金利上昇による返済額アップ防止には、それな
りにまとまった金額を繰り上げる必要がありま
す。後から慌てないよう、コツコツと積み立て
ておくとよいでしょう。**

第8章　購入後のローンとかしこく付き合おう

借り換えで住宅ローンを見直そう

住宅ローンの見直しは、多少の手間や費用がかかるものの、場合によっては絶大な節約効果を発揮します。史上最低水準の金利が続いている今年は、絶好の借り換えのチャンスです。

● 借り換えのメリットがある人

　住宅ローンの金利は、その時々の経済環境に応じて随時見直されています。そのため、タイミングによっては返済中のローンより有利なローンが取り扱われていることがあります。
　住宅ローンの借り換えとは、条件の有利な住宅ローンを新たに借りて、現在返済中の住宅ローンを一括返済することです。**金利の低い住宅ローンに借り換えることで、月々の返済額を抑えることができるばかりか、総返済額も少なくできます。**
　金融緩和の出口を探る議論がニュースになる中、将来の金利上昇が気になる人は、今のうちに固定金利にしておこうという人もいます。

● 借り換えの目安は？

　住宅ローンの借り換えには、保証会社の保証料、登録免許税、司法書士手数料、金融機関手数料、印紙税などの諸費用がかかります。一般に、こうした費用を負担してでも借り換えのメリットがあるのは、
(1)　ローン残債が1,000万円以上
(2)　返済期間が10年以上残っている
(3)　1%以上金利が低いローンに借り換えできる
の3つの条件をすべて満たしている人といわれていました。
　しかし、最近は充実した内容の団信がつけられるので、毎月返済額はほとんど変わらなくても、団信部分でメリットが出やすくなっています。この条件に当てはまらなくても気になる人は各金融機関のＨＰで試算してみるとよいでしょう。

借り換えで住宅ローンを見直そう

借り換えを検討したほうがよい人

今までは…

1. ローン残債が1,000万円以上
2. 返済期間が10年以上
3. 1％以上金利が低いローンに借り換えできる

しかし現在は…

メリットが出やすい環境なので、
気になる人は
まず金融機関に相談！

団信でメリットが出るケース

● ネット銀行で1,500万円を15年返済で借り換えた場合

合計	現在の住宅ローン	借り換え後の住宅ローン
金利	1.00％	0.60％
毎月返済額	89,774円	87,160円
総返済額	1,616万円	1,619万円 うち借り換えの諸費用50万円含む
団信	死亡・高度障害	死亡・高度障害・がん100％

毎月返済額・総返済額は
ほぼ変わらなくても、
団信ががん保障
100％にグレードアップ

ワンポイント

金利の見直しには、現在住宅ローンを借りている金融機関で金利を下げてもらう方法もあります。他行への借り換えを検討する前に、一度交渉してみてもよいでしょう。

第8章　購入後のローンとかしこく付き合おう

資産運用と住宅ローン

十分な年金があてにできないこれからは、住宅ローンを返済しながら老後資金も貯めなければなりません。運用して増やすという視点について考えてみましょう。

● 低金利ならゆっくり返す方法も

　頭金を増やして借入金額を減らすとその分負担する利息や諸費用が抑えられます。また返済期間が長くなれば利息を多く払うことになるので、お金が貯まったら積極的に繰り上げ返済をして少しでも早く返そうとする人は多いでしょう。しかし、歴史的な低水準が続く今の金利環境では、多めに借りてゆっくり返していくのも一つの考えです。

　控除率が見直されたとはいえ、住宅ローン控除を受けている期間は、実質的な金利負担がない人も多いはず。住宅ローンには団信がついているのが通常なので、残債があれば万が一の時に備える保険の機能も果たします。手元に残したお金は資産運用に挑戦してもよいでしょう。

● トータルで考えるマネープランを

　資産運用して個人が自助努力でお金を増やす取り組みを後押しすべく、2022年末、資産所得倍増計画が発表されました。2024年からは運用益が非課税になるＮＩＳＡ制度が大幅に拡充され、資産運用に興味を持ったという相談者は増えています。

　2003年から20年間毎月2万円を全世界株式の平均を表す指数で積み立てたとすれば、投資額480万円に対し、評価額は1,306万円という結果でした。もちろん、これから運用を始めれば過去の実績通りになるわけではありません。しかし短期的な上げ下げは予想できなくても、長期で続ければ、利益が出やすいのが資産運用の神髄です。そう考えると長期で返済する住宅ローンとの相性が良いのかもしれません。これからの時代、住宅ローンだけで考えずに複合的な視点でマネープランを考えられれば、より効率的な返済が実現できるかもしれません。

資産運用と住宅ローン

毎月2万円を投資にまわしたら

●2003年1月〜2022年12月まで毎月2万円を世界の株式を対象とした株式指数（MSCI ACWI・円ベース）で積み立てた場合

＜毎月2万円を20年間積立＞　480万円 ➡ **1,306**万円

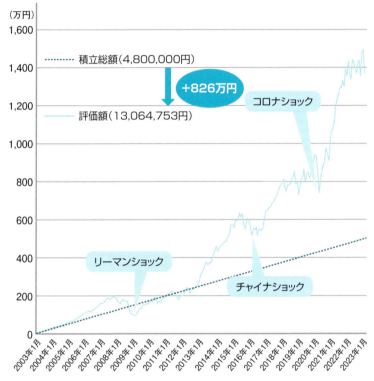

※短期的な予想は難しくても、長期で続ければ成果が出やすい

第8章 購入後のローンとかしこく付き合おう

➕ ワンポイント

頭金の割合や繰り上げ返済のペースと資産運用について、自分だけでは判断がつかない場合は、FPなどお金の専門家に相談するのもおすすめです。

第8章　購入後のローンとかしこく付き合おう

借り換えできないケースもある

住宅ローンの借り換えをしようと思っても、誰もが借り換えできるわけではありません。金融機関は借り換え時に、借り手の返済能力や担保価値を厳しくチェックしています。

● 借り換えができない住宅ローン

　借り換えは、金融機関が新規顧客獲得を狙って行っているもの。そのため、同じ銀行間の借り換えには利用できない場合が多いのです。また、財形住宅貯蓄への借り換えはできません。

　民間ローンではローン契約者に団体信用生命保険（団信）への加入を義務づけているのが一般的です。したがって**借り換え時の健康状態によっては、団信へ加入できないために、借り換えができないこともあります**。

　なお、登記簿上の床面積が50㎡以下の住宅は、借り換えの対象外とされる場合が多いようです。

● 借り換えには信用力が重要

　借り換えといえども、新規の申し込み時と同様に審査があります。これに通らなければ、借り換えることはできません。

　審査の基準は、42ページにもあるとおり。まず、借り換え後の住宅ローンの返済負担率が、基準をオーバーしていないかがチェックされます。このとき気をつけたいのが、マイホーム購入後に自動車や教育資金などで別のローンを組んだ場合や転職で収入が下がってしまった場合。**返済負担率は、現在返済中の他のローンも加味して計算されるので、基準を超えてしまう可能性があるのです**。また、過去に住宅ローンの滞納歴がある人も、借り換えは難しいでしょう。

　担保となるマイホームの価値も重要です。購入時よりもマイホームの価値が大幅に下がった場合には、差額を現金で補てんしないと、担保価値割れによって借り換えることができなくなってしまいます。

借り換えできないケースもある

借り換えできないケース

- 持病があって団体信用生命保険に加入できない場合（民間ローンの場合）

- 他のローンを合計すると返済負担率が借り換え先の基準をオーバーする場合

- 住宅ローンの滞納歴がある場合

- 担保割れしている場合

⚠️ ここに注意

50歳を過ぎると借り換えの審査に通りにくくなります。退職金の予定や勤務先などの状況を加味して引き受けてもらえる場合もあるので窓口に相談してみるとよいでしょう。

第8章　購入後のローンとかしこく付き合おう

住宅の買い替えは担保割れに要注意

住宅ローンを返済中のマイホームを売却して、新たに別の住宅を購入するときには、現在住んでいるマイホームにどのくらいの担保価値があるかが重要になります。

● 住宅の値下がりで担保割れの可能性も

現在住んでいる家を売却して、新たに家を購入することを買い替えといいます。

買い替えるときには、今の家を売るのが先か、次の家を買うのが先かで迷うところです。この点、資金計画の面から考えると、売りを先に考えた方が安心です。

買い替えを意識したら、早い段階で今住んでいる家の査定を仲介業者に依頼しましょう。査定だけなら無料で依頼できます。

物件価格が大幅に値下がりして、売却額よりも住宅ローンの残債が大きくなる「担保割れ」をおこしていたら、家を売っただけではローンを完済できないことになります。その場合は、売却額で不足する分を預貯金などで補完して、住宅ローンを返済します。

● 買い替えローン

もしも担保割れをおこしているときに、差額分の預貯金がなければ、売るに売れない状況になるかもしれません。そんなときに、便利なのが買い替えローンです。

買い替えローンは、**現在返済中のローンを完済するための資金と、これから買う家の購入資金を合わせて融資してくれる住宅ローン**です。一般的な住宅ローンは物件価格の8割程度を融資しています。それに対して、買い替えローンには**返済中のローンを完済するための費用も上乗せされている**ため、買い替え先の物件価格以上の資金を借りることができます。しかしその分、収入基準などの審査が通常の住宅ローンより厳しくなっています。

住宅の買い替えは担保割れに要注意

買い替えローンのしくみ

● 持ち家の売却価格 ＞ ローン残債の場合

持ち家

この部分でローンを完済

| 持ち家の売却価格 |
| 持ち家のローン残債 |

→新たにローンを組むなどして物件を買い替える
ことができる（買い替えローンは不要）

● 持ち家の売却価格 ＜ ローン残債の場合

持ち家

持ち家を売却しても
ローン残債が払いきれない

| 持ち家の売却価格 | → 持ち家のローン残債を
| 持ち家のローン残債 | 払うのに不足する金額

不足する金額が預貯金などで
用意できなければ…
買い替えローンを利用

買い替えた家

→持ち家のローン残債
買い替えた家のローン残債

買い替えローンの対象となる金額

物件価格以上のお金が借りられる
（ただしその分、審査は厳しい）

➕ ワンポイント

買い替えをするときは、不動産業者の提携ローンを利用したり、銀行と提携している不動産業者を利用したりして窓口を一本化しておくと、スムーズに手続きができます。

第8章　購入後のローンとかしこく付き合おう

返済条件を変更してローンと上手に付き合おう

長い返済期間の間には、収入や家族の状況が変わることがあるかもしれません。そんなときは、住宅ローンの返済について見直してみると、より返済しやすくできるでしょう。

● 返済条件は変更できる

　住宅ローンの返済中には、子どもの進学で支出が増えたり、ボーナスカットで収入が減ったりして、一時的に住宅ローンの返済が難しくなることがあるかもしれません。

　このようなときには、**金融機関に申し出て、返済条件を変更してもらうことができます**。返済条件の変更には、返済期間の延長やボーナス払い分を月払いに変更する方法、一定期間のみ返済額を減らす方法など、さまざまな方法があります。

　逆に、家計に余裕ができたときには、返済額を増やす、返済期間を短くするなどの変更もできます。

　どんな変更ができるかは、金融機関によって違うので、まずは借入先に問い合わせてみるとよいでしょう。

● 条件の変更の注意点

　返済条件を変更する場合には、審査が必要になることがあります。そのため、必ず希望が通るとは限りません。

　たとえば、返済期間を短くする場合は、その分月々の返済額が増えるので、年収に占める返済額の割合が基準を超えないかが改めて審査されるのです。同様に元利均等返済を元金均等返済に変えるときも、当初は返済額が増えるため、再度審査が行われます。

　逆に返済期間を延長した場合、毎月の返済額は減らせるのですが、総返済額は膨らみます。

　なお、**条件変更の際には、所定の手数料が必要になることもあります**ので、事前に確認しておきましょう。

返済方法の変更例

ローン返済開始

● 子どもが独立して教育費の負担がなくなった

➡ 毎月の返済額を増額して、返済期間を短縮する

● ボーナスが減少（増加）した

➡ ボーナス併用返済の有無を切り替える

● 会社の業績が厳しくて、収入そのものが減った

➡ 返済額を一時的に減らして負担を軽減する

● ローンの元金を早く減らしたい

➡ 元利均等返済を元金均等返済にする（逆も可能）

ローン返済完了

➕ ワンポイント

教育費のピークには返済期間を延長して返済の負担を軽減しておき、子どもの独立後は教育費が浮いた分をローン返済に回して、返済期間を短くする…ということもできます。

第8章　購入後のローンとかしこく付き合おう

購入後にかかるお金（1）

住宅を買った後にも、継続的にかかるお金があります。マンションの場合には、毎月管理費や修繕積立金がかかるので、住宅ローンを借りるときにはあらかじめ考慮しておきましょう。

● 管理費と修繕積立金

マンションでは、所有者から管理費や修繕積立金を徴収し、マンションの維持管理のために利用します。

管理費は、管理人や清掃スタッフの給与、エレベーターや廊下、植栽など共用部の管理・メンテナンス費用などに使われます。

修繕積立金は、数年ごとに行われる大規模修繕に備えて積み立てられる費用です。主なものに、外壁の補修、屋上やベランダの防水工事、給排水管のメンテナンスなどがあります。

修繕積立金はあらかじめ長期の修繕計画を立てた上で計画的に集められます。しかし、入居者の出入りや、予定外の出費などによっては、積立金が途中で不足することもあります。入居時に修繕積立金を数十万円単位で集めて、不足に備えているマンションもあります。

● 室内のメンテナンスも必要

マンションでいくら管理費や修繕積立金を支払っていても、**室内のメンテナンスは自分で行わなければなりません**。気持ちよく暮らすために、数年〜数十年ごとに取り替えたいのが畳や壁紙など。トイレやバスルームなどの水回りも故障しやすい部分です。

一戸建ての場合には、内装・外装ともすべて自分でメンテナンスを行います。外壁や雨どいなどは、2〜3年ごとに定期点検をし、必要に応じて塗装をしておきます。15〜20年たった頃に、外装については全面的な工事をできるよう、予算を組んでおきましょう。

バリアフリーや省エネ対策の工事では、減税を受けたり補助金を利用したりすることができるケースもあります。

購入後にかかるお金（1）

住宅メンテナンスの目安

●屋根のふき替え
（150万円）
5〜6年ごとに点検、10〜30年で全面貼り替え（素材で異なる）

●給水管・排水管の改善
（210万円）
2〜3年ごとに点検、
15〜20年で全面補修を検討

●窓・扉取り替え
（60万円）
2〜3年ごとに点検、
10〜15年で全面補修

●浴室
（180万円）
1年ごとに点検、
10〜15年で全面取り替えを検討

●外壁の塗り替え
（220万円）
2〜3年ごとに点検、
15〜20年で全面補修

30年で、800万円程度かかる見込み。
一度に負担にならないよう、家を買ったら
毎月1万〜1.5万円程度積み立てておくのがベスト

第8章 購入後のローンとかしこく付き合おう

まとめ

マンションの場合、長期修繕計画に基づいて計画的に修繕が行われます。予定外の出費があるなどして途中で修繕費用が足りなくなると追加で徴収されることがあります。

第8章　購入後のローンとかしこく付き合おう

購入後にかかるお金（2）

購入後にかかるお金で忘れてはならないのは税金です。賃貸住宅のときにはかからなかった固定資産税や都市計画税がかかるので、毎年の年間予算に組んでおきましょう。

● 固定資産税と都市計画税

　すべての土地と家屋に毎年かかる税金に固定資産税があります。また、市街化区域内にある土地や建物には都市計画税がかかります。市街化区域とは、すでに市街地となっている土地のことです。この区域内に家を建てる場合は、**固定資産税と都市計画税の両方を納めなければなりません**。

　固定資産税は固定資産税評価額の1.4％、都市計画税は0.3％を上限に、どちらも各自治体が設定します。固定資産税評価額とは税金を計算するための基準となる価格のことで、3年に1度見直されます。

　住宅に対しての固定資産税負担を軽くするため、敷地に関しては、200㎡以下の小規模住宅用地は通常の1/6、200㎡超の部分は床面積の10倍までは通常の1/3の価格で評価されています（特定の空き家を除く）。

● 新築住宅には3年間の軽減措置がある

　マイホームを取得しやすくするために、新築住宅に対しては、**最初の3年間（構造によっては5年間）、全国一律で固定資産税の軽減措置が取られています**。

　自分で住む場合、一戸建てでもマンションでも、床面積が120㎡までの部分について、税率が1/2に軽減されます。適用条件は、2024年3月31日までに新築された家であること、床面積が50㎡～280㎡であること、店舗等を併設した家ならば居住面積が1/2以上あること、となっています。

　このほか、自治体によっては独自に新築住宅について固定資産税の優遇措置を設けているところもあります。

購入後にかかるお金（2）

固定資産税と都市計画税

項目	固定資産税	都市計画税
納税義務者	1月1日現在で、土地・家屋等の所有者として固定資産課税台帳に登録されている人	1月1日現在で、市街化区域内に土地・家屋を所有するもの
納税時期	4月、7月、12月、翌年2月（自治体による）	
税額計算式	課税標準額×税率（1.4%）	土地課税標準額×税率（0.3%）
住宅用地の特例措置	①小規模住宅用地（200㎡まで）は、通常の1/6の価格で評価される ②200㎡超で、住宅の床面積の10倍までの部分は、通常の1/3の価格で評価	①小規模住宅用地（200㎡まで）は、通常の1/3の価格で評価される ②200㎡超で、住宅の床面積の10倍までの部分は、通常の2/3の価格で評価
免税点※	土地30万円、家屋20万円	
新築住宅向けの税額の特例（2024年3月31日まで）	床面積120㎡までの居住部分は、3年間（構造により5年間。長期優良住宅なら5または7年間）税額の1/2が軽減される	自治体による

※免税点…課税標準額がこれに満たないものは税金が課税されません

！ ここに注意

固定資産税の優遇期限が切れて本来の税額がかかり始めると、金額がはね上がって驚く人が少なくありません。本来の税額がいくらなのかもきちんと押さえておきましょう。

213

コラム ある日の相談から⑧

カードの延滞があると借りられない？

Iさん（34歳）は今年、神奈川県にマンションを購入する予定です。どの金融機関で住宅ローンを借りるか検討しているところなのですが、1つ気になっていることがあります。それは、半年ほど前、口座の残高が足りず、クレジットカードの引き落としができなかったことです。2週間ほどたってから入金をしたものの、そのことが審査に影響するのでしょうか？

結論からいうと、延滞などの情報が知られれば審査に影響があるかもしれません。延滞の情報が調べられるかどうかは、次のような事情にかかわります。

一般に、カードの延滞の情報はクレジットカード会社が加盟している個人信用情報機関に登録されます。金融機関に住宅ローンを申し込むと、その金融機関や保証会社は加盟している個人信用情報機関に照会をして、申込者の信用情報を調べられるようになっています。情報機関は複数あるので、カード会社加盟のものと、金融機関や保証会社加盟のものが同じでなければ、信用情報は知られません（内容次第では、情報が共有されます）。登録される期間も1〜5年と決まっているので、あまり古いものは表に出ることがありませんし、そもそも軽微なものであれば、延滞として登録されないこともあります。

第 9 章

収入ダウン、転勤、返済不能…
住宅ローン 困ったときのQ&A

経済が不安定な今、不測の事態によって住宅ローンの支払いが苦しくなることもありえます。さまざまな「こんなときどうする？」にお答えします。

第9章　住宅ローン　困ったときのQ＆A

収入ダウンで返済が苦しい

子どもの成長で出費がかさんだり、不景気でボーナスがカットされたりして、返済がきつくなったら、支払いが滞る前に借入先に相談しましょう。返済計画を見直してくれることもあります。

● まずは借入先に相談を

　想定外のトラブルで、住宅ローンの返済に悩む家庭があります。返済がきつくなってきたら、まずは借入先に相談してみるとよいでしょう。多くの金融機関では、電話や店頭での専用相談窓口を開設しています。

　返済が苦しいからといって、**キャッシングなどでお金を工面し、住宅ローンの返済にあてることは絶対にやってはいけません**。キャッシングは、住宅ローンの何倍もの金利を払うので、利息が膨らんでますます返済額が増えることになってしまいます。

● フラット35なら返済期間延長もOK

　返済が苦しいときの見直しには、「返済期間を延長して毎月返済額を減らす」「ボーナス返済と毎月返済のバランスを変える」「一定期間返済額を減らして、その後の期間で減額した分を上乗せして払う」「返済額軽減型の繰り上げ返済をして、毎月返済額やボーナス月の返済額を抑える」などの方法があります。ただし、**借入先の金融機関によって、取り扱いのできないものもありますので、詳しくは窓口で相談してみましょう**。

　フラット35は、民間のローンに比べて条件変更がしやすく、返済期間の変更にも比較的柔軟に対応しています。返済相談の結果返済が著しく困難な人については、勤務先の事情で返済が困難になったなどの一定条件を満たせば、返済期間が最長15年間まで延長できたり、元金の支払いを一時休止し利息のみ支払う期間を設定できたりする場合があります。

収入ダウンで返済が苦しい

返済が厳しいときの解決策

返済が厳しくなった… → 借入先に相談しないと… → **競売**
強制的に退去を迫られ、物件が売却されてしまうことも

↓ 借入先に相談する

相談することでさまざまな可能性を探れる
必ず延滞する前に！

相談の内容
- 返済が厳しくなった理由
- 今後の収入の見込み
- 今後の返済スケジュール

↓ どうしても払いきれない…　　　↓ 返済のメドが立ちそうだ

任意売却
通常の売却と同じような形式で物件を売却

返済条件の変更
- 返済期間の延長
- ボーナス払いを減らす
- 一時金を入れて、毎月返済額を減らす
- 一定期間のみ支払いを止める

など

→ 返済を継続

※競売・任意売却については218ページ

➕ ワンポイント

新型コロナウイルス感染拡大の影響で返済が困難になった人のために、多くの金融機関で相談窓口が設けられています。一時的な返済猶予など対応策がないか一度問い合わせてみましょう。

第9章　住宅ローン　困ったときのQ&A

どうしても返せないときには？

住宅ローンが返せなくなると、住宅を手放すことになりかねません。最悪の場合、売却後に住宅ローンの支払いだけが残る可能性があるのです。もしもの売却時の流れも押さえておきましょう。

● 強制的に売られてしまうこともある

　返済期間の延長や一時的な返済額の軽減では対応しきれず、どうしても住宅ローンが返済できなくなることがあるかもしれません。

　そんなとき、借入先に相談しないでただ支払いが滞っているだけだと、**住宅ローンの債権が保証会社などに移ってしまい、競売にかけられることになりかねません。**

　住宅ローンが払えなくなったときでも、同居の子どもや親しい親せきに安定的な収入がある場合は、「親子や親せきの間で売却する」「子どもに住宅ローンを引き受けてもらい、家を贈与する」「引き続き住むことを承諾してもらった上でいったん第三者に売却し、賃料を払って住む」などの方法が考えられなくもありません。

　こうした方法は、借入先の承諾や協力してくれる人がなければ実行は難しいのですが、あらゆる可能性を探す意味でも、支払いが苦しくなってきたら、早めに相談する方がよいのです。

● 競売と任意売却

　住宅を手放すしかないという場合でも、競売ではなく任意売却という方法がとれます。任意売却とは、借入先と話し合って、不動産業者を介して住宅を売る方法です。

　競売と任意売却の決定的な違いは、**競売よりも任意売却の方が自由度が高いことです。**また、高い値段で売れることが多い、引っ越し費用などを不動産業者が負担してくれるなど、任意売却の方が何かと有利になるケースが多くあります。万が一の事態となっても、できるだけ任意売却になるよう、相談しましょう。

どうしても返せないときには？

任意売却と競売の違い

● 任意売却の方が何かと有利

	任意売却	競売
手続きの主体	本人が不動産業者・弁護士を通じて売却を依頼	借入先の金融機関やローン保証会社が手続き
売却価格	競売より高めに決まりやすい	売却価格が市場相場より安め
諸費用	引っ越し費用や滞納していた税金を負担してもらえる場合がある	本人負担
引っ越し時期	ある程度本人が決められる	突然立ち退きを迫られる場合がある
その他	一般の売却と同様なので、事情を人に知られにくい	競売物件として、近所に知られてしまう

● 売却価格と残債の差に注意

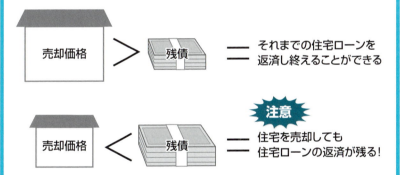

売却価格 > 残債 — それまでの住宅ローンを返済し終えることができる

売却価格 < 残債 — **注意** 住宅を売却しても住宅ローンの返済が残る！

⚠ ここに注意

住宅を手放せば必ず住宅ローンから解放される、というわけではありません。住宅ローンの残債が売却価格より多い場合、売却後に住宅ローンの支払いが残ってしまうのです。

第9章　住宅ローン　困ったときのQ＆A

親からお金を借りても平気？

親からお金を借りたときには、借用書を残して、返済方法を示す必要があります。返済の実態を伴わない借り入れは贈与とみなされ、贈与税がかかることがあるのです。

● 親からお金を借りるときも借用書を交わす

　住宅購入時には大きなお金が動きます。その購入資金の出所については、住宅ローンの申込書に書く場合がありますし、160ページで紹介したお尋ねに答える際も使います。

　こうしたときにあわてないよう、お金の出入りについてははっきりさせておく必要があります。

　特に、家族の間での安易なお金のやり取りはトラブルのもと。たとえ夫婦や親子の間といえども、贈与とみなされ、贈与税がかかってしまうことがあるかもしれないのです。

　親からお金を借りた場合でも、借入金額や金利、返済期間、返済方法などを明記した借用書を残す必要があります。

　このときの金利は、世の中の相場と照らし合わせて適当なレートであることも求められます。

● 返済は口座振り込みがおすすめ

　いくら借用書があっても、形だけのものであれば、調べられたときに効力を発揮しません。きちんと返済が行われている実態が伴わなければならないのです。

　そこでおすすめなのは、**返済を口座振り込みにする方法**です。子ども名義の銀行口座から、親名義の銀行口座に毎月定期的にお金が振り込まれている記録が預金通帳に残っていれば、確かな返済の証拠になります。

　なお、親が受け取った利息は、雑所得として申告しなければなりません。

親からお金を借りても平気？

借用書の例

借　用　書

借入金額　　金1,000万円
返済期間　　2023年4月1日より2033年3月31日までの
　　　　　　120回払いとする
金利　　　　1.00%
返済方法　　毎月25日に87,604円を下記口座に振り込むこととする

○○銀行△△支店　普通　口座番号＊＊＊＊＊＊＊＊
口座名義人　鈴木　太郎

振り込みによって返済の
履歴を残す

一般的な
金利水準を設定

私　　鈴木一郎　　は、上記の条件にて確かに借り受けました

2023年4月1日

借主氏名　　鈴木　一郎　(鈴木印)

朱肉を使う
印鑑を押す

同住所　　　東京都○○区△△町○－○

貸主氏名　　鈴木　太郎　(鈴木印)

同住所　　　東京都○○区××町○－○

➕ ワンポイント

親からの借り入れは贈与とみなされて課税される可能性があります。贈与とみなされないためには、世間相場なみの金利をつけて返済することもポイントです。

第9章　住宅ローン　困ったときのQ&A

第9章　住宅ローン　困ったときのQ＆A

もしもの離婚で住宅ローンはどうなる?

3組に1組が離婚するといわれる今の時代。住宅ローンの名義人や住宅に住む人、返済者などによって、もしもの離婚のときに抱える問題が違ってくることを知っておきましょう。

● 家を売ってしまうとき

　離婚の際には、夫婦がこれまでに築いてきた財産について、話し合いのもとに分けることになります。

　離婚時に住宅を売却し、住宅ローンを完済してもお金が残れば、それを財産として分割できるのですが、問題は、住宅ローンが残ってしまう場合。残債をなくさないと、住宅を売却できません。さらに、名義を換えるための借り換えもできないのです。これでは話が進みません。**財産分割の協議に入る前に、住宅がいくらで売れそうなのかリサーチし、それを踏まえて話し合うことが必要です。**

● 家を売らないとき

　離婚後に、どちらかがそのまま家に住む場合は、残る人が住宅ローンを引き継ぐのが自然です。

　離婚後に妻が子どもと住んで、夫名義のローンを妻が引き継ぐなら、住宅ローンの借り換えが必要になります。このとき、妻の収入が低かったりそもそも専業主婦だったりしては、審査が通りません。つまり、夫が払い続けなければ家を売るしかないのです。

　このようなケースでは実際、家を出た夫が住宅ローンを払い続ける家庭もあります。その場合は、妻が家賃を払ったり、財産を夫が多めに取ったりするなどの話し合いが必要です。

　気をつけたいのが、妻が連帯保証人になっているケース。一般的に、離婚後に夫が住宅ローンの支払いをおこたれば、妻にも支払いの義務が発生することになります。

222

もしもの離婚で住宅ローンはどうなる？

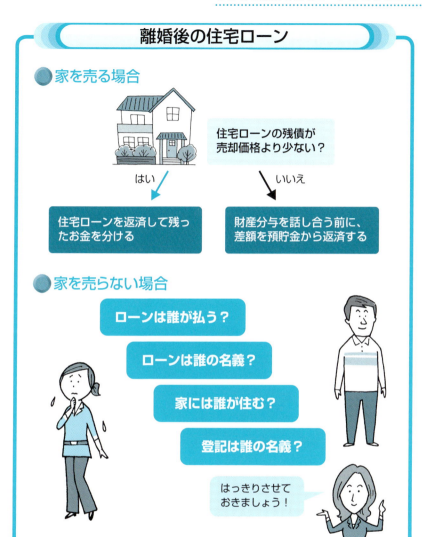

!ここに注意

住宅が共有名義になっている場合や、妻が住宅ローンを引き継ぐ場合など、離婚に伴って登記を変更した方がよいこともあります。忘れずに手続きしましょう。

第9章　住宅ローン　困ったときのQ＆A

転勤で家を貸したら？

転勤などで引っ越してしまったら、住宅ローン控除は使えません。ただし、単身赴任で家族が住み続ける場合や、再び住み始めた場合などは、この限りではありません。

●転勤したら住宅ローン減税が受けられない

　ここまで紹介してきた住宅ローン減税は、自分で住む家を買った人のための減税制度です。したがって、空き家のままや賃貸物件では、控除が受けられません。転勤などで住めなくなった場合も同様です。

　ただし、**住宅ローン減税を受け始めてから適用期間内に再び住み始めたら、残りの期間は再び住宅ローン減税を受けられるようになります**。たとえば、住宅ローン減税を13年使える人が2年で転勤になり、3年後に戻ってきた場合は、残りの8年間は再び控除が受けられます。

　なお、単身赴任で、家族が住宅に住み続けるときには、引き続き住宅ローン控除を受けることができます。

●住宅ローン返済中は人に貸せない？

　住宅ローン返済中の住宅は、原則として人に貸すことはできません。というのも、住宅ローンは、あくまでもマイホームのために借りるローンであり、家賃収入を得るために不動産を買うときに借りる事業用のローンではないからです。

　もしも転勤中に人に貸していることが借入先の金融機関に知られてしまっても、それが一時的なら契約違反としてローンの一括返済を求められるケースはないようですが、戻る予定がないのであれば、人に貸すなら住宅ローンを事業用のローンに借り換えなければならないのです。

　なお、フラット35なら転勤などで一時的に引っ越す場合、住所変更届を提出するだけで転居できます。これによって住まなくなった家を人に貸して家賃収入で住宅ローンを返済しても問題はありません。

転勤で家を貸したら？

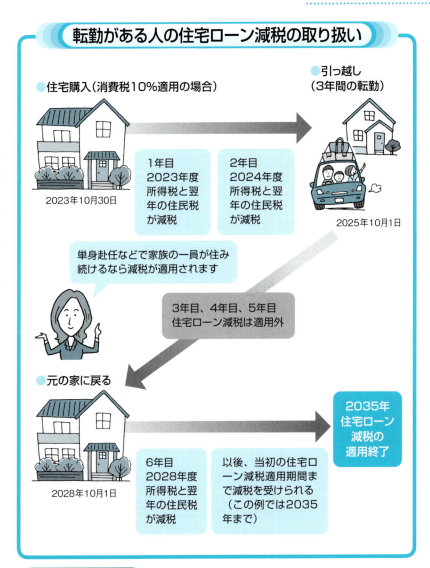

転勤がある人の住宅ローン減税の取り扱い

● 住宅購入（消費税10%適用の場合）
2023年10月30日

1年目 2023年度 所得税と翌年の住民税が減税

2年目 2024年度 所得税と翌年の住民税が減税

● 引っ越し（3年間の転勤）
2025年10月1日

単身赴任などで家族の一員が住み続けるなら減税が適用されます

3年目、4年目、5年目 住宅ローン減税は適用外

● 元の家に戻る
2028年10月1日

6年目 2028年度 所得税と翌年の住民税が減税

以後、当初の住宅ローン減税適用期間まで減税を受けられる（この例では2035年まで）

2035年 住宅ローン減税の適用終了

❗ ここに注意

転勤中、家を貸しているときに、住宅ローンの借り換えをすることはできません。もし、金利の急な上昇が心配なら、事前に固定金利に変えておくなどの対策が必要です。

第9章　住宅ローン　困ったときのQ&A

住宅を売って利益が出たとき

住宅を売って利益が出たら、税金を納めなければなりません。ただし、住宅売却時の税金には、優遇措置があるので、実際には納めなくてもよいケースが多くなっています。

● 5年以内の売却は税率が高い

　家を売って得た利益には、所得税と住民税がかかってきます。売却した翌年には所得税の確定申告をしなければなりません。

　税額は、売却代金に対して計算されるわけではありません。まず売却代金から、その土地や家を買うためにかかった費用と、仲介手数料、登記費用などといった、売るときにかかった費用を引きます。そこからさらに特別控除額と呼ばれる一定の金額を引いて求めた金額に、税率をかけて計算します。

　このときに使う税率は、その住宅の所有期間によって3段階に分かれます。所有期間が10年超で一定の条件を満たす場合には、所得税10％、住民税4％と割安です。所有期間が5年超の場合は、所得税15％、住民税5％になります。**一方、所有期間が5年以内の場合は、所得税30％、住民税9％となり、税率は大幅にアップします。**

● 利益が3,000万円以内なら税金はかからない

　マイホームを売って利益が出ても、実際には必ず税金を払うとはかぎりません。というのも、**マイホームを売って得た利益には、3,000万円まで税金がかからないという特例があるからです。**

　この特例は、原則として建物に対してしか適用されません。しかし、土地と建物を一緒に売った場合に限っては例外的に土地の売却益についても使えます。ただし、いずれの場合も親子や夫婦の間での売買には適用されません。**この制度を使うには、確定申告が必要です。**なお、住み替えでこの3,000万円の控除を使った場合は、新居で住宅ローン控除が受けられないので、どちらが得か検討する必要があります。

住宅を売って利益が出たとき

マイホームを売ったときにかかる税金

● 所得税・住民税の計算式

$$=\{$$ 　売却価格

－ （買ったときにかかった費用とその後にかかった費用）※1

＋ 売却までの減価償却部分

－ （家を売るときにかかった費用）※2

－ 特別控除額 　$\}$ 　← 一定の条件を満たせば3,000万円の大型の控除ができる

× 税率

税率は住宅の所有期間によって異なる

所得税の場合※3

×10%（所有期間10年超、ほかに一定条件を満たした場合）
×15%（所有期間5年超）
×30%（所有期間5年以内）

住民税の場合

×4%（所有期間10年超、ほかに一定条件を満たした場合）
×5%（所有期間5年超）
×9%（所有期間5年以内）

家を売ったときにかかる税金には、さまざまな優遇制度がある

※1　購入代金、仲介手数料、登記費用、税金など購入時の費用および増改築などの費用
※2　仲介手数料など
※3　2013年から2037年までは復興特別所得税として所得税の2.1%をあわせて申告・納税する

第9章 住宅ローン 困ったときのQ&A

➕ ワンポイント

家の価値は経過年数に伴って目減りする（減価償却分）ので、実際に購入した価格より売却価格が安くても、利益があるとみなされる場合もあります。

資料集

元利均等返済　返済額早見表

● 表の見方

縦軸：金利
横軸：返済期間

数値：借入金額100万円あたりの
　　　毎月返済額（円）

返済期間／金利	10年	15年	20年	25年	30年	35年
1.00%	8,760	5,984	4,598	3,768	3,216	2,822
1.05%	8,782	6,006	4,621	3,791	3,239	2,846
1.10%	8,803	6,029	4,643	3,814	3,262	2,869
1.15%	8,825	6,051	4,666	3,837	3,285	2,893
1.20%	8,847	6,073	4,688	3,859	3,309	2,917
1.25%	8,869	6,095	4,711	3,882	3,332	2,940
1.30%	8,891	6,117	4,734	3,906	3,356	2,964
1.35%	8,913	6,140	4,756	3,929	3,379	2,988

例 借入金額3,000万円、返済期間30年、金利1.20%のとき、毎月の住宅ローン返済額はいくらになるか？

① 返済額早見表の縦軸1.20%、横軸30年の交点を確認 　➡　 3,309円

② 3,309円 × $\dfrac{3000}{100}$ = **99,270円**（＝毎月返済額）

※計算上、誤差が生じることがありますので、あくまで目安としてお使いください。

返済期間 金利	10年	15年	20年	25年	30年	35年
0.50%	8,545	5,768	4,379	3,547	2,992	2,596
0.55%	8,567	5,789	4,401	3,569	3,014	2,618
0.60%	8,588	5,811	4,423	3,590	3,036	2,640
0.65%	8,609	5,832	4,445	3,612	3,058	2,663
0.70%	8,631	5,854	4,466	3,634	3,080	2,685
0.75%	8,652	5,876	4,488	3,657	3,103	2,708
0.80%	8,674	5,897	4,510	3,679	3,125	2,731
0.85%	8,695	5,919	4,532	3,701	3,148	2,753
0.90%	8,717	5,941	4,554	3,724	3,171	2,777
0.95%	8,739	5,963	4,577	3,746	3,193	2,800
1.00%	8,760	5,984	4,598	3,768	3,216	2,822
1.05%	8,782	6,006	4,621	3,791	3,239	2,846
1.10%	8,803	6,029	4,643	3,814	3,262	2,869
1.15%	8,825	6,051	4,666	3,837	3,285	2,893
1.20%	8,847	6,073	4,688	3,859	3,309	2,917
1.25%	8,869	6,095	4,711	3,882	3,332	2,940
1.30%	8,891	6,117	4,734	3,906	3,356	2,964
1.35%	8,913	6,140	4,756	3,929	3,379	2,988
1.40%	8,935	6,162	4,779	3,952	3,403	3,013
1.45%	8,957	6,184	4,802	3,975	3,427	3,037

元利均等返済　返済額早見表

金利＼返済期間	10年	15年	20年	25年	30年	35年
1.50%	8,979	6,207	4,825	3,999	3,451	3,061
1.55%	9,001	6,229	4,848	4,022	3,475	3,086
1.60%	9,023	6,252	4,871	4,046	3,499	3,111
1.65%	9,045	6,275	4,894	4,070	3,523	3,135
1.70%	9,067	6,297	4,917	4,094	3,547	3,160
1.75%	9,089	6,320	4,941	4,117	3,572	3,185
1.80%	9,112	6,343	4,964	4,141	3,596	3,210
1.85%	9,134	6,366	4,988	4,165	3,621	3,236
1.90%	9,156	6,389	5,011	4,190	3,646	3,261
1.95%	9,178	6,412	5,035	4,214	3,671	3,287
2.00%	9,201	6,435	5,058	4,238	3,696	3,312
2.05%	9,223	6,458	5,082	4,262	3,721	3,338
2.10%	9,246	6,481	5,106	4,287	3,746	3,364
2.15%	9,268	6,504	5,130	4,311	3,771	3,390
2.20%	9,291	6,527	5,154	4,336	3,797	3,416
2.25%	9,313	6,550	5,178	4,361	3,822	3,442
2.30%	9,336	6,574	5,202	4,386	3,848	3,468
2.35%	9,358	6,597	5,226	4,411	3,873	3,495
2.40%	9,381	6,620	5,250	4,435	3,899	3,521
2.45%	9,404	6,644	5,274	4,461	3,925	3,548

金利＼返済期間	10年	15年	20年	25年	30年	35年
2.50%	9,426	6,667	5,299	4,486	3,951	3,574
2.55%	9,449	6,691	5,323	4,511	3,977	3,601
2.60%	9,472	6,715	5,347	4,536	4,003	3,628
2.65%	9,495	6,738	5,372	4,562	4,029	3,655
2.70%	9,518	6,762	5,397	4,587	4,055	3,683
2.75%	9,541	6,786	5,421	4,613	4,082	3,710
2.80%	9,564	6,810	5,446	4,638	4,108	3,737
2.85%	9,586	6,833	5,471	4,664	4,135	3,765
2.90%	9,609	6,857	5,496	4,690	4,162	3,792
2.95%	9,633	6,881	5,520	4,716	4,189	3,820
3.00%	9,656	6,905	5,545	4,742	4,216	3,848
3.05%	9,679	6,929	5,571	4,768	4,243	3,876
3.10%	9,702	6,954	5,596	4,794	4,270	3,904
3.15%	9,725	6,978	5,621	4,820	4,297	3,932
3.20%	9,748	7,002	5,646	4,846	4,324	3,960
3.25%	9,771	7,026	5,671	4,873	4,352	3,989
3.30%	9,795	7,051	5,697	4,899	4,379	4,017
3.35%	9,818	7,075	5,722	4,926	4,407	4,046
3.40%	9,841	7,099	5,748	4,952	4,434	4,075
3.45%	9,865	7,124	5,773	4,979	4,462	4,103
3.50%	9,888	7,148	5,799	5,006	4,490	4,132

借入可能額　早見表

●表の見方

毎月返済する金額 → 毎月返済額
ローンにかかる金利 → 金利
ローンの年数 → 20年・25年・30年・35年
数値：借入可能額（万円）

毎月返済額	金利	20年	25年	30年	35年
8万円	1.0%	1,739	2,122	2,487	2,834
	1.5%	1,657	2,000	2,318	2,612
	2.0%	1,581	1,887	2,164	2,415
	2.5%	1,509	1,783	2,024	2,237
	3.0%	1,442	1,687	1,897	2,078
	3.5%	1,379	1,598	1,781	1,935
9万円	1.0%	1,956	2,388	2,798	3,188
	1.5%	1,865	2,250	2,607	2,939
	2.0%	1,779	2,123	2,434	2,716
	2.5%	1,698	2,006	2,277	2,517
	3.0%	1,622	1,897	2,134	2,338
	3.5%	1,551	1,797	2,004	2,177
10万円	1.0%	2,174	2,653	3,109	3,542
	1.5%	2,072	2,500	2,897	3,266
	2.0%	1,976	2,359	2,705	3,018
	2.5%	1,887	2,229	2,530	2,797
	3.0%	1,803	2,108	2,371	2,598
	3.5%	1,724	1,997	2,226	2,419

例 毎月返済額10万円、金利1.0%のとき、30年ローンを借りた場合の借入可能額は?

表の「毎月返済額」10万円・「金利」1.0%・「30年」の3項目が交わるところを参照　**＝3,109万円**

※計算上、誤差が生じることがありますので、あくまで目安としてお使いください。
※実際に融資がうけられるかは金融機関の審査により決まります。

毎月返済額	金利	20年	25年	30年	35年
1万円	1.0%	217	265	310	354
	1.5%	207	250	289	326
	2.0%	197	235	270	301
	2.5%	188	222	253	279
	3.0%	180	210	237	259
	3.5%	172	199	222	241
2万円	1.0%	434	530	621	708
	1.5%	414	500	579	653
	2.0%	395	471	541	603
	2.5%	377	445	506	559
	3.0%	360	421	474	519
	3.5%	344	399	445	483
3万円	1.0%	652	796	932	1,062
	1.5%	621	750	869	979
	2.0%	593	707	811	905
	2.5%	566	668	759	839
	3.0%	540	632	711	779
	3.5%	517	599	668	725
4万円	1.0%	869	1,061	1,243	1,417
	1.5%	828	1,000	1,159	1,306
	2.0%	790	943	1,082	1,207
	2.5%	754	891	1,012	1,118
	3.0%	721	843	948	1,039
	3.5%	689	799	890	967
5万円	1.0%	1,087	1,326	1,554	1,771
	1.5%	1,036	1,250	1,448	1,633
	2.0%	988	1,179	1,352	1,509
	2.5%	943	1,114	1,265	1,398
	3.0%	901	1,054	1,185	1,299
	3.5%	862	998	1,113	1,209
6万円	1.0%	1,304	1,592	1,865	2,125
	1.5%	1,243	1,500	1,738	1,959
	2.0%	1,186	1,415	1,623	1,811
	2.5%	1,132	1,337	1,518	1,678
	3.0%	1,081	1,265	1,423	1,559
	3.5%	1,034	1,198	1,336	1,451
7万円	1.0%	1,522	1,857	2,176	2,479
	1.5%	1,450	1,750	2,028	2,286
	2.0%	1,383	1,651	1,893	2,113
	2.5%	1,320	1,560	1,771	1,958
	3.0%	1,262	1,476	1,660	1,818
	3.5%	1,206	1,398	1,558	1,693

借入可能額　早見表

毎月返済額	金利	20年	25年	30年	35年
8万円	1.0%	1,739	2,122	2,487	2,834
	1.5%	1,657	2,000	2,318	2,612
	2.0%	1,581	1,887	2,164	2,415
	2.5%	1,509	1,783	2,024	2,237
	3.0%	1,442	1,687	1,897	2,078
	3.5%	1,379	1,598	1,781	1,935
9万円	1.0%	1,956	2,388	2,798	3,188
	1.5%	1,865	2,250	2,607	2,939
	2.0%	1,779	2,123	2,434	2,716
	2.5%	1,698	2,006	2,277	2,517
	3.0%	1,622	1,897	2,134	2,338
	3.5%	1,551	1,797	2,004	2,177
10万円	1.0%	2,174	2,653	3,109	3,542
	1.5%	2,072	2,500	2,897	3,266
	2.0%	1,976	2,359	2,705	3,018
	2.5%	1,887	2,229	2,530	2,797
	3.0%	1,803	2,108	2,371	2,598
	3.5%	1,724	1,997	2,226	2,419
11万円	1.0%	2,391	2,918	3,419	3,896
	1.5%	2,279	2,750	3,187	3,592
	2.0%	2,174	2,595	2,976	3,320
	2.5%	2,075	2,451	2,783	3,076
	3.0%	1,983	2,319	2,609	2,858
	3.5%	1,896	2,197	2,449	2,661
12万円	1.0%	2,609	3,184	3,730	4,251
	1.5%	2,486	3,000	3,477	3,919
	2.0%	2,372	2,831	3,246	3,622
	2.5%	2,264	2,674	3,037	3,356
	3.0%	2,163	2,530	2,846	3,118
	3.5%	2,069	2,397	2,672	2,903
13万円	1.0%	2,826	3,449	4,041	4,605
	1.5%	2,694	3,250	3,766	4,245
	2.0%	2,569	3,067	3,517	3,924
	2.5%	2,453	2,897	3,290	3,636
	3.0%	2,344	2,741	3,083	3,377
	3.5%	2,241	2,596	2,895	3,145
14万円	1.0%	3,044	3,714	4,352	4,959
	1.5%	2,901	3,500	4,056	4,572
	2.0%	2,767	3,303	3,787	4,226
	2.5%	2,641	3,120	3,543	3,916
	3.0%	2,524	2,952	3,320	3,637
	3.5%	2,413	2,796	3,117	3,387

毎月返済額	金利	20年	25年	30年	35年
15万円	1.0%	3,261	3,980	4,663	5,313
	1.5%	3,108	3,750	4,346	4,899
	2.0%	2,965	3,538	4,058	4,528
	2.5%	2,830	3,343	3,796	4,195
	3.0%	2,704	3,163	3,557	3,897
	3.5%	2,586	2,996	3,340	3,629
16万円	1.0%	3,479	4,245	4,974	5,668
	1.5%	3,315	4,000	4,636	5,225
	2.0%	3,162	3,774	4,328	4,830
	2.5%	3,019	3,566	4,049	4,475
	3.0%	2,884	3,374	3,795	4,157
	3.5%	2,758	3,196	3,563	3,871
17万円	1.0%	3,696	4,510	5,285	6,022
	1.5%	3,522	4,250	4,925	5,552
	2.0%	3,360	4,010	4,599	5,131
	2.5%	3,208	3,789	4,302	4,755
	3.0%	3,065	3,584	4,032	4,417
	3.5%	2,931	3,395	3,785	4,113
18万円	1.0%	3,913	4,776	5,596	6,376
	1.5%	3,730	4,500	5,215	5,878
	2.0%	3,558	4,246	4,869	5,433
	2.5%	3,396	4,012	4,555	5,035
	3.0%	3,245	3,795	4,269	4,677
	3.5%	3,103	3,595	4,008	4,355
19万円	1.0%	4,131	5,041	5,907	6,730
	1.5%	3,937	4,750	5,505	6,205
	2.0%	3,755	4,482	5,140	5,735
	2.5%	3,585	4,235	4,808	5,314
	3.0%	3,425	4,006	4,506	4,936
	3.5%	3,276	3,795	4,231	4,597
20万円	1.0%	4,348	5,306	6,218	7,085
	1.5%	4,144	5,000	5,795	6,532
	2.0%	3,953	4,718	5,410	6,037
	2.5%	3,774	4,458	5,061	5,594
	3.0%	3,606	4,217	4,743	5,196
	3.5%	3,448	3,995	4,453	4,839

さくいん

英数字

10年物国債	64
2世帯住宅	180
8大疾病保障付団信	15
DINKs	70,174
MBS	113
ZEH水準	9,13,116,185,186

あ行

頭金	154
イ構造	97
一部損	96
一括前払い型	90
一般財形貯蓄	132
印紙税	89
内入れ	192
内法面積	171
エコ住宅	60
お尋ね	160
親子リレー返済	82

か行

カードの延滞	214
買い替えローン	206
介護保障団信	15
確定申告	184
火災	95
火災保険	94,96
火災保険保険料	89
家財補償	95
課税標準額	102

家族ペアローン	84
壁芯面積	171
借入限度額	9,146
借り換え	114,182,200
仮審査	44,136
元金均等返済	68,70
元本	50
元利均等返済	68,70
管理費	210
期間短縮型	192
機構直貸	134
基準金利	32
給与所得者の（特定増改築等）住宅借入金等特別控除申告書兼・年末調整のための（特定増改築等）住宅借入金等特別控除証明書	188
給与の振込口座	61
教育費	36,178
教育ローン	125
競売	218
金銭消費貸借契約	100
勤続年数	61
金利情報	118
金利ミックスプラン	56,88
繰り上げ返済	68,192,196
景気	58
軽減税率	102
契約書	100
源泉徴収票	44
建築請負契約	78
建築年割引	97
公共料金の自動引き落とし	61

口座振り込み ・・・・・・・・・・・・・220
工事請負契約 ・・・・・・・・・・・・・100
交通アクセス ・・・・・・・・・・・・・170
国債の利回り ・・・・・・・・・・・・・・64
固定金利型 ・・・・・・・・・・・・・・・38
固定金利期間選択型 ・・・・・・・・・54
固定資産税 ・・・・・・・・・・・13,212
固定資産税評価額 ・・・・・・・・・・・102

さ行

財形住宅貯蓄 ・・・・・・・・・・・・・132
財形住宅融資 ・・・・・・・62,80,132
財形貯蓄 ・・・・・・・・・・・・・4,132
財形年金貯蓄 ・・・・・・・・・・・・・132
財産分割 ・・・・・・・・・・・・・・・222
残金の精算 ・・・・・・・・・・・・77,79
自営業 ・・・・・・・・・・・・・・・・・120
事業主転貸 ・・・・・・・・・・・・・・134
資産運用・・・・・・・・・・・・・・・・202
資産価値 ・・・・・・・・・・・・・・・170
地震保険 ・・・・・・・・・・・・・・・・96
地震保険保険料 ・・・・・・・・・・・・89
地震保険料控除 ・・・・・・・・・・・・96
事前審査 ・・・・・・・・・・・・・・・・44
地鎮祭費用 ・・・・・・・・・・・・・・107
実質金利 ・・・・・・・・・・・・・・・・92
自動繰り上げ返済 ・・・・・・・・・・131
自動車ローン ・・・・・・・・・・・・・125
シミュレーションサービス ・・・144
事務手数料 ・・・・・・・・・・・・88,92
借用書 ・・・・・・・・・・・・160,220
住居費 ・・・・・・・・・・・・・・・36,72
修繕積立一時金 ・・・・・・・・89,106

修繕積立金 ・・・・・・・34,106,210
住宅金融支援機構 ・・・・・・・・・・112
住宅取得資金に係る
借入金の年末残高等証明書 ・・・188
住宅総合保険（すまいの保険）
・・・・・・・・・・・・・・・・・・・・94
住宅ローン減税
・・・ 8,13,110,184,188,224
住宅ローン支援保険 ・・・・・・・・・ 15
住宅ローン代行手数料 ・・・・・・・ 89
収入合算 ・・・・・・・・・・・・・・・176
住民票 ・・・・・・・・・・・・・・・・・44
竣工 ・・・・・・・・・・・・・・・・・・78
上棟費用 ・・・・・・・・・・・・・・・107
小半損 ・・・・・・・・・・・・・・・・・96
消費税 ・・・・・・・・・・・・・・・・・89
消費税増税 ・・・・・・・・・・・・・・ 11
諸費用ローン ・・・・・・・・・・・・・108
所有権移転登記 ・・・・・・・・・・・101
所有権保存登記 ・・・・・・・・・・・101
新機構団信 ・・・・・・・・・・・・7,122
新型火災保険 ・・・・・・・・・・・・・94
新型コロナウイルス感染症
・・・・・・・・・・・・・・・・・ 11,31
審査 ・・・・・・・・・・・・・・・・・・42
新3大疾病保障付機構団信
・・・・・・・・・・・・・・・・・・・ 122
信用金庫 ・・・・・・・・・・・112,129
水道分担金 ・・・・・・・・・・89,106
ずっと優遇 ・・・・・・・・・・・・・・ 60
住・My Note
（すまいのーと）・・・・・・・・・・121
精算金 ・・・・・・・・・・・・・・・・・76

237

さくいん

セキュリティ ……………… 170
雪害 ……………………………95
全期間固定金利型 ……48,167
全損 ……………………………96
相続権 …………………………66
相続時精算課税制度
　………………… 156,158,160
総返済額 ………………………70
贈与税（の）非課税枠 …10,156

た行

耐震等級割引 …………………97
大半損 …………………………96
台風 ……………………………95
代理受領 ………………………80
宅地 ………………………… 102
建物調査費用 ……………… 107
ダブルフラット …………116
短期金利 ………………………64
短期プライムレート…………64
団体信用生命保険
　………………… 14,42,122,190
団体信用生命保険保険料
　………………………………89
担保割れ ………… 205,206
地方銀行 …………………… 129
仲介手数料 ………… 89,104
中間金 …………………………78
注文住宅 ………… 62,78,106
長期金利 ………………………64
長期優良住宅
　………………… 12,101,186
調査費用 ………………………89

つなぎ融資 …………………80
低炭素住宅 …………………12
抵当権設定登記 ………… 101
適合証明書 ………………… 124
適合証明書発行費用 ………89
手付金 …………………76,78
手取り ……………………… 142
手持ち資金 …………………28
転勤 ………………………… 224
登記費用 ………………………89
当初優遇 ………………………60
盗難 ……………………………94
登録免許税 ………………… 100
都市銀行 …………………… 129
都市計画税 ………………… 212
土地 ………………… 78,124
土地代金 ………………………79
共働き家庭 ………………… 172

な行

二重ローン …………………98
任意売却 …………………… 218
認定低炭素住宅
　……………………………… 186
ネットバンク ……………… 129
年間返済額 ………………… 140
ノンバンク ………………… 129

は行

配偶者居住権 ………………66
売買契約 …………44,76,100
売買契約書 …………………44
比較サイト …………………32

238

引き渡し …………63,77,80
夫婦連生団信 …………15,123
不動産取得税 ………89,102
不動産ローン ……………113
フラット35 ……112,114,118
【フラット35】維持保全型
　……………………6,126
【フラット35】地域連携型
　……………………6,126
【フラット35】地方移住支援型
　………………………127
フラット35パッケージ ……114
フラット35(保証型) ………114
フラット35S ………114,126
【フラット35】S(ZEH)
　………………116,126
フラット50 ………………114
返済額軽減型 ……………192
返済計画表 ………………150
返済条件 …………………208
返済負担率 ‥42,124,140,204
返済余力 …………………53
変動金利型 …………38,50
ボーナス返済 ……………58
保証料内枠方式 …………91
保証料外枠方式 …………91
本審査 ……………………44

ま行

毎月返済額 ‥34,42,50,55,59
水濡れ ……………………95
未払い利息 ………………50
民間ローン ………112,128,130

免震建築物割引 …………97
メンテナンス ……………210
申込金 ………………76,78
持ち家 ………………34,207

や行

家賃程度の負担 …………34
優遇金利 …………………32,60
融資金 ……………………29
融資金利 …………………92
融資実行 …………………63,77
融資実行時点 ……………62
融資実行日 ………………62
融資手数料 ………………80

ら行

ライフイベント ………48,162
ライフプラン ……36,166,174
落雷 ………………………95
利益 ………………………226
離婚 ………………66,164,222
利息組み込み型 …………90
立地 ………………………170
リフォーム ………………184
臨時の宿泊費用 …………95
暦年課税 …………………156
連帯保証人 ………176,222
老後資金 …………36,168
労働金庫 …………………129
ローン特約 ………………44
ローン保証料 ………88,90
ロ構造 ……………………97

239

●著者紹介
新屋真摘（しんや　まつみ）

ファイナンシャルプランナー（CFP®認定者）
IFA法人ガイア　https://www.gaiainc.jp/

大手生命保険会社を経て、「正しいマネーセンスを身につけて、お金に振り回されない人生を送ってもらうためのお手伝いがしたい」という想いからファイナンシャルプランナーに。年間200件以上にのぼるマネー相談では、資産運用と保険、住宅ローンのバランスよいアドバイスを得意とし、個人がオリジナルのマネープランを持つことの大切さを伝えている。『ママと子どもとお金の話』（サンクチュアリ出版）、『やさしい保険の本』（オレンジページ）、『シンプルにお金を貯める・増やす・使う。』（クロスメディア・パブリッシング）、『はじめての資産運用』（成美堂出版）など著書・監修多数。

●本文デザイン・DTP：ケイズプロダクション
●イラスト：中村 知史　　酒井由香里
●編集協力：knowm
●企画編集：成美堂出版編集部

本書に関する最新情報は、下記のURLをご覧ください。
https://www.seibidoshuppan.co.jp/support/

※上記アドレスに掲載されていない箇所で、正誤についてお気づきの場合は、書名・発行日・質問事項・氏名・住所・FAX番号を明記の上、成美堂出版まで郵送またはFAXでお問い合わせください。お電話でのお問い合わせは、お受けできません。
※本書の正誤に関するご質問以外はお受けできません。また法律相談・ローン相談などは行っておりません。
※内容によっては、ご質問をいただいてから回答を郵送またはFAXで発送するまでお時間をいただく場合もございます。
　ご質問の受付期限は、2024年7月末到着分までとさせていただきます。ご了承ください。

一番トクする 住宅ローンがわかる本 '23～'24年版

2023年8月20日発行

著　者　新屋真摘

発行者　深見公子

発行所　成美堂出版
　　　　〒162-8445　東京都新宿区新小川町1-7
　　　　電話(03)5206-8151　FAX(03)5206-8159

印　刷　広研印刷株式会社

©Shinya Matsumi 2023 PRINTED IN JAPAN
ISBN978-4-415-33294-9
落丁・乱丁などの不良本はお取り替えします
定価はカバーに表示してあります

・本書および本書の付属物を無断で複写、複製（コピー）、引用することは著作権法上での例外を除き禁じられています。また代行業者等の第三者に依頼してスキャンやデジタル化することは、たとえ個人や家庭内の利用であっても一切認められておりません。